Veröffentlichungen der
DG BANK Deutsche Genossenschaftsbank
Band 12

Dr. Felix Viehoff

Zur mittelstandsbezogenen
Bankpolitik des Verbundes
der Genossenschaftsbanken

Teil II
Wirtschaftlicher Mittelstand
und genossenschaftliche
Bankpolitik

Veröffentlichungen der
DG BANK Deutsche Genossenschaftsbank
Band 12

Dr. Felix Viehoff

Wirtschaftlicher Mittelstand und genossenschaftliche Bankpolitik

unter Mitarbeit von
Dr. Gunther Aschhoff

 Fritz Knapp Verlag · Frankfurt am Main · 1979

ISBN 3-7819-0215-3

Redaktionsschluß: 29. Dezember 1978
Copyright 1979 by Fritz Knapp Verlag, Frankfurt am Main
Satz und Druck: Oehms Druck GmbH, Frankfurt am Main
Schrift: Linotype Aldus-Buchschrift
Bindearbeit: C. Fikentscher KG, Darmstadt
Papier: Daunendruck A 70 der Papierfabrik Scheufelen, Oberlenningen/Württ.

Die vorliegende Arbeit richtet sich, ebenso wie die als Teil I vorangegangene, in erster Linie an den Leiter der Genossenschaftsbank. Sie soll übersichtlich und im notwendigen Umfang informieren. Entsprechend dieser Zielsetzung wurde das Thema trotz seiner Vielschichtigkeit so vereinfacht wie möglich dargestellt.

Genossenschaftsbanken sind Selbsthilfeorganisationen des Mittelstandes. Von mittelständischen Mitgliedern werden sie getragen, auf den Mittelstand ist ihre Tätigkeit ausgerichtet. Aber leider besteht weitgehende Unklarheit, was sich hinter der Bezeichnung ›Mittelstand‹ verbirgt. Dies ist ein unbefriedigender Zustand. Deshalb sind in Teil I, der 1978 erschienen ist, Ausführungen über den Mittelstand gemacht worden.

Der Mittelstandsbegriff und der Versuch einer Aussage über den Umfang dieses Mittelstandes in der Wirtschaft, das war der erste zu untersuchende Problemkreis.

Genossenschaftsbanken betreiben eine Bankpolitik besonderer Art, eine mittelstandsbezogene Bankpolitik. Sie bezeichnen sich zu Recht als Banken des Mittelstandes. Aber auch andere Banken bieten dem Mittelstand ihre Betreuung an und sehen sich als Banken des Mittelstandes. Deshalb ist es für die Genossenschaftsbanken wichtig, das Besondere ihrer Bankpolitik klar herauszustellen. Man muß zugleich Grundzüge genossenschaftlicher und mittelständischer Bankpolitik erkennen.

Die genossenschaftliche Bankpolitik ist deshalb der zweite Problemkreis, der zu untersuchen ist. Dies geschieht im hier vorliegenden Band. Herausgearbeitet wird vor allem, was das Wesentliche genossenschaftlicher Bankpolitik darstellt. Was ist das Genossenschaftsspezifische an der Betreuung des mittelständischen Mitglieder- und Kundenkreises? Auch die Rolle genossenschaftlicher Bankpolitik bei der Vertretung mittelständischer Interessen in der Wirtschaftspolitik wird angesprochen. Teil II hat zum herausragenden Ziel, die besondere Stellung und Bedeutung genossenschaftlicher Bankpolitik sichtbar werden zu lassen.

Genossenschaftliche Bankpolitik verlangt einen organisatorischen Rahmen. Er unterscheidet sich von dem anderer Bankengruppen. Keine der übrigen deutschen Kreditorganisationen weist eine derartige Vielfalt auf wie die genossenschaftliche. Trotz dieser Vielfalt im einzelnen muß die Einheit für das Ganze gewährleistet sein. Von dem optimalen Miteinander hängt die Wirksamkeit genossenschaftlicher Bankpolitik entscheidend ab.

Die kreditgenossenschaftliche Organisation ist insoweit der dritte Problemkreis, der sodann abschließend in Teil III zu untersuchen sein wird.

Sollten die Ausführungen über den unmittelbaren Zweck hinaus Anstoß zum Nachdenken über den Mittelstand, die genossenschaftliche Bankpolitik oder die Organisation der Kreditgenossenschaften sein, so wäre mehr erreicht, als der Verfasser zu erhoffen wagte.

Die Abfassung dieser Arbeit hat viel Vorarbeit gekostet. An ihr war die Volkswirtschaftliche Abteilung der DG BANK Deutsche Genossenschaftsbank maßgeblich beteiligt. Mein Dank gilt deshalb ihren Mitarbeitern, insbesondere Herrn Volkswirt Dieter Heumann. Bei der Ausgestaltung des Manuskriptes und dessen redaktioneller Betreuung hat mich wiederum Herr Diplom-Volkswirt Eckart Henningsen tatkräftig unterstützt.

Felix Viehoff

Inhaltsverzeichnis

8

1. Wirtschaftlicher Mittelstand und Genossenschaftsbanken

1.1. Der Anteil des Mittelstandes am Wirtschaftsleben

Mittelstand sind, so stellten wir in Teil I fest,[1] die innerhalb einer Bevölkerungsgemeinschaft einander insbesondere durch gehobene berufliche Tätigkeit und gehobenen Zuschnitt der Lebensführung, auch durch Selbsteinschätzung, näherstehenden Menschen oder Menschengruppen. Wir ergänzten: »Durch die Berücksichtigung mehrerer begriffsbildender Merkmale wird deutlich, daß wir nur eine mehrdimensionale Erfassung des Mittelstandes für angemessen erachten. Die Hervorhebung der Selbsteinschätzung weist gleichzeitig auf die unter Umständen davon abweichende Fremdeinschätzung hin. Unter dem Zuschnitt der Lebensführung lassen sich die typischen Verhaltensweisen und Wertvorstellungen des Mittelstandes zusammenfassen, wie Bildungsstreben, Aufstiegswille, Leistungsbezogenheit, eigenständige Selbstverantwortlichkeit, individuelle Vorsorge, Vermögensbildung, Planung der Lebensführung.«

Diese Sammelbezeichnung, die zwangsläufig an der Oberfläche bleiben muß, ist für eine Verwendung im Wirtschaftsleben ungeeignet. Deshalb unterteilten wir den Mittelstand in homogenere Teilgruppen, und zwar analog zu den Berufsgruppen, wie wir sie im Wirtschaftsleben vorfinden: in den Arbeitnehmer-Mittelstand, den Freiberufler-Mittelstand und den Unternehmer-Mittelstand. Wir verstehen demzufolge im Wirtschaftsleben der Bundesrepublik Deutschland unter Mittelstand

— die arbeitnehmenden Mittelstandsangehörigen, den Arbeitnehmer-Mittelstand,

— die freiberuflich tätigen Mittelstandsangehörigen, den Freiberufler-Mittelstand, und

— die unternehmerisch tätigen Mittelstandsangehörigen, den Unternehmer-Mittelstand.

Dieser so ermittelte wirtschaftliche Mittelstand hat, wie unsere Untersuchungen zeigten, einen erheblichen Anteil am Wirtschaftsleben:

In bezug auf die Arbeitnehmer stellten wir fest, daß 99 % der Beamten, 54 % der Angestellten und 21 % der Arbeiter dem Mittelstand zuzuordnen sind (vgl. Tabelle 1). Sie stellen den Arbeitnehmer-Mittelstand dar. 1976[2] waren das zu-

1 Vgl. Felix Viehoff, Zur mittelstandsbezogenen Bankpolitik des Verbundes der Genossenschaftsbanken. Teil I: Zum Begriff und zur wirtschaftlichen Bedeutung des Mittelstandes (unter Mitarbeit von Eckart Henningsen), Frankfurt am Main 1978, S. 75 f.

2 Wir übernehmen in diesem Kapitel unsere Berechnungen aus dem vorherigen Band auf der Basis der amtlichen Statistik für 1976. Dies geschieht, um aufwendige Neuberechnungen zu vermeiden. Außerdem würden die neuen Berechnungen für 1977 (amtliche Zahlen für 1978 liegen ohnehin noch nicht vor) nur geringfügige Abweichungen aufweisen.

Tabelle 1
Arbeitnehmer-Mittelstand in der Bundesrepublik Deutschland 1976

	Beamte und Ange-stellte	davon (geschätzt) Be-amte	Ange-stellte	Ar-beiter	ins-gesamt	Beamte	Ange-stellte	Ar-beiter	davon mittelständisch Beamte	Ange-stellte	Ar-beiter	ins-gesamt	in % ins-gesamt
	in Millionen					in %			in Millionen				
Land- und Forstwirtschaft	0,04	0,01	0,03	0,20	0,24	99	54	21	0,01	0,02	0,04	0,07	29
Produzierendes Gewerbe	3,23	0,64	2,60	7,81	11,04	99	54	21	0,63	1,40	1,64	3,67	33
Handel und Verkehr	2,65	0,52	2,13	1,28	3,92	99	54	21	0,51	1,15	0,27	1,93	49
Sonstige Wirtschaftsbereiche	5,36	1,04	4,31	1,68	7,04	99	54	21	1,03	2,33	0,35	3,71	52
Insgesamt	11,27	2,21	9,06	10,97	22,23	99	54	21	2,18	4,90	2,30	9,38	42

Quelle: Statistisches Bundesamt und eigene Berechnungen.

sammen 9,4 Millionen Menschen. Damit ist der arbeitnehmende Mittelstand der Zahl nach die stärkste Gruppe innerhalb des ökonomischen Mittelstandes.

Wir sahen ferner, daß die selbständigen freiberuflich Tätigen, von wenigen Ausnahmen abgesehen, in ihrer Gesamtheit dem Mittelstand zuzurechnen sind. »Sozialer Standort der Freiberufler ist heute eindeutig der Mittelstand.«[3] Dies ergab rund 250 000 Angehörige des Mittelstandes in den freien Berufen. Rund 40 % übten Heilberufe, je etwa 17 % Rechtsberufe und Architekturberufe aus. Der Rest entfiel auf wissenschaftliche Bildungsberufe sowie künstlerisch und publizistisch Schaffende.

Der Umfang der mittelständischen Unternehmer mußte indirekt über die mittelständischen Unternehmen ermittelt werden. Dabei gingen wir von der Vorstellung aus, daß ›hinter‹ den mittelständischen Unternehmen der mittelständische Unternehmer steht.

Im Wirtschaftsbereich Land- und Forstwirtschaft entfielen von 1,1 Millionen Agrarbetrieben 602 000, entsprechend 53 %, auf den Mittelstand (vgl. Tabelle 2). Dies waren im wesentlichen die landwirtschaftlichen Haupterwerbsbetriebe und die Privatforsten. Geht man davon aus, daß jeder Betrieb von einem selbständigen Land- oder Forstwirt geführt wurde, so betrug die Zahl mittelständischer Unternehmer in diesem Wirtschaftsbereich demnach 602 000.

Tabelle 2
Mittelständische Unternehmen in der Land- und Forstwirtschaft 1976

	Unternehmen insgesamt	davon mittelständisch
	in 1000	in %
Land- und Forstwirtschaft	1 137,5	602,0	53
Landwirtschaft	1 020,6	534,0	52
Forstwirtschaft	116,8	68,0	58

Im Wirtschaftsbereich Produzierendes Gewerbe waren von 501 200 Unternehmen knapp 480 000, das sind 96 %, mittelständisch (vgl. Tabelle 3). Die Zahl der Selbständigen im Produzierenden Gewerbe betrug demgegenüber 595 000. In diesem Wirtschaftsbereich dürften also zahlreiche Unternehmen von Eigentümergruppen geführt werden. Geht man davon aus, daß nicht nur die Unter-

3 Viehoff, Zur mittelstandsbezogenen Bankpolitik, a. a. O., S. 98.

nehmen, sondern auch die selbständigen Unternehmer im Produzierenden Gewerbe zu 96 % mittelständisch sind, so ergibt sich für diesen Wirtschaftsbereich
eine Zahl mittelständischer Unternehmer von 571 000.

Tabelle 3
Mittelständische Unternehmen im Produzierenden Gewerbe 1976

	Unternehmen insgesamt	davon mittelständisch
	in 1000	in %
Produzierendes Gewerbe	501,2	479,9	96
Industrie	101,2	93,4	92
— Bergbau	0,2	0,2	91
— Energiewirtschaft	4,0	1,0	25
— Verarbeitende Industrie	90,0	85,4	95
Grundstoff- und Produktionsgüter- industrie	15,0	14,3	95
Investitionsgüter- industrie	28,0	26,6	95
Verbrauchsgüter- industrie	38,0	37,3	98
Nahrungs- und Genußmittelindustrie	9,0	7,2	80
— Bauindustrie	7,0	6,8	97
Produzierendes Handwerk	400,0	386,5	97
— Verarbeitendes Handwerk	250,0	242,5	97
— Bauhandwerk	150,0	144,0	96

In den Wirtschaftsbereichen Handel und Verkehr zählten von 598 000 Unternehmen rund 588 600, das sind 98 %, zu den mittelständischen Unternehmen
(vgl. Tabelle 4). Demgegenüber betrug die Zahl der Selbständigen in diesen
Wirtschaftsbereichen 617 000. Auch hier dürften also Eigentümergruppen anzu-
treffen sein. Geht man wieder davon aus, daß nicht nur die Unternehmen,
sondern auch die selbständigen Unternehmer in Handel und Verkehr zu 98 %
mittelständisch waren, so ergibt sich eine Zahl mittelständischer Unternehmer
in diesen Wirtschaftsbereichen von 605 000.

Tabelle 4
Mittelständische Unternehmen in Handel und Verkehr 1976

	Unternehmen insgesamt	davon mittelständisch	
	in 1000		in %
*Handel und Verkehr**	598,0	588,6	98
Handel*	525,0	518,6	99
— Großhandel	115,0	112,7	98
— Handelsvermittlung*	60,0	59,4	99
— Einzelhandel	350,0	346,5	99
Verkehr	73,0	70,0	96

* Revidiert gegenüber den Zahlen in Viehoff, Zur mittelstandsbezogenen Bankpolitik, a. a. O.

In sonstigen Wirtschaftsbereichen, unter denen das Kreditgewerbe, das Versicherungsgewerbe sowie das Gaststätten- und Beherbergungsgewerbe die bedeutendsten sind, entfielen schließlich von 335 200 Unternehmen 326 700, das sind 97 %, auf den Mittelstand (vgl. Tabelle 5). Die Zahl der Selbständigen in diesen Wirtschaftsbereichen betrug demgegenüber 370 000. Ebenso wie im Produzierenden Gewerbe, in Handel und Verkehr hat man offenbar auch hier

Tabelle 5
Mittelständische Unternehmen in sonstigen Wirtschaftsbereichen 1976

	Unternehmen insgesamt	davon mittelständisch	
	in 1000		in %
Sonstige Wirtschaftsbereiche	335,2	326,7	97
darunter:			
Kreditgewerbe	6,2	0,1	2
Versicherungsgewerbe	29,0	28,6	99
— Versicherungen	1,0	0,6	60
— Vermittlung von Versicherungsgeschäften	28,0	28,0	100
Gaststätten- und Beherbergungsgewerbe	200,0	198,0	99

davon auszugehen, daß Eigentümergruppen Unternehmen führen. Nimmt man wieder an, daß nicht nur die Unternehmen, sondern auch die Selbständigen aus den ›sonstigen‹ Wirtschaftsbereichen zu 97 % mittelständisch sind, so ergibt dies eine Zahl mittelständischer Unternehmer in diesen Wirtschaftsbereichen von 358 900.

In allen Wirtschaftsbereichen zusammen waren danach von insgesamt 2,6 Millionen Unternehmen in Land- und Forstwirtschaft, Produzierendem Gewerbe, Handel, Verkehr und sonstigen Wirtschaftsbereichen rund 2 Millionen mittelständische Unternehmen. Die Zahl mittelständischer *Unternehmer* beschränkte sich jedoch nicht auf 2 Millionen. Da mittelständische Unternehmen auch von Eigentümergruppen geführt werden, liegt die Zahl mittelständischer Unternehmer höher. Man kann davon ausgehen, daß bis auf wenige Ausnahmen alle 2,2 Millionen selbständigen Unternehmer, die es 1976 in der Bundesrepublik Deutschland gab (vgl. Tabelle 6), zum Unternehmer-Mittelstand zu zählen sind. Die von ihnen geführten Unternehmen machen knapp 80 % aller Unternehmen aus.

Tabelle 6
Selbständige Unternehmer* in der Bundesrepublik Deutschland 1976

Wirtschaftsbereiche	Selbständige Unternehmer (in Tausend)
Land- und Forstwirtschaft	615
Produzierendes Gewerbe	595
Handel und Verkehr	617
Sonstige Wirtschaftsbereiche	370
Wirtschaftsbereiche insgesamt	2 197

* Ohne Freiberufler.
Quelle: Statistisches Bundesamt und eigene Berechnungen.

Innerhalb der im Wirtschaftsleben Tätigen gibt es, das hat sich damit deutlich gezeigt, einen großen, wenn auch nicht exakt abzugrenzenden Bereich, dem die Bezeichnung ›Mittelstand‹ zukommt. Mit knapp 12 Millionen sind rund die Hälfte aller Erwerbstätigen — Selbständige und abhängig Beschäftigte — Mittelständler. Dieses war das Ergebnis unseres Versuches, den Begriff des Mittelstandes im Wirtschaftsleben quantitativ zu umreißen.

Wir sind uns der Unzulänglichkeit des Untersuchungsweges und damit auch des Genauigkeitsgrades der Ergebnisse durchaus bewußt. Dieser Weg mußte aber beschritten werden, um überhaupt zu einem für unseren Zweck brauchbaren Ergebnis zu kommen. Der Zweck bestand darin, eine Größenvorstellung vom Anteil des Mittelstandes an unserem Wirtschaftsleben zu erhalten.

1.2. Der Anteil des Mittelstandes an den Genossenschaftsbanken

Wir haben in den vorangegangenen Ausführungen gesehen, daß der Mittelstand eine wichtige Personengruppe in unserem Wirtschaftsleben darstellt. Nahezu jeder zweite Erwerbstätige ist Mittelständler — als Arbeitnehmer, Freiberufler oder Unternehmer. Sie alle bilden den wirtschaftlichen Mittelstand.

Nun wissen wir, daß die Genossenschaftsbanken Selbsthilfeeinrichtungen des Mittelstandes sind und von diesem getragen werden. Aber wir wollen auch diese Aussage quantifizieren. Wir fragen deshalb, welchen Anteil der von uns ermittelte wirtschaftliche Mittelstand an den Genossenschaftsbanken hat. In welchem Umfang sind Mittelständler Träger der Genossenschaftsbanken?

Diese weitere quantitative Analyse wollen wir anhand der Statistiken über die Mitgliederstruktur der örtlichen Genossenschaftsbanken vornehmen. Wir stellen hierzu nicht nur eine Zeitpunktbetrachtung an, wie dies hinsichtlich des ökonomischen Mittelstandes geschehen ist, sondern entwickeln eine Zeitreihe von 1950 bis zur Gegenwart. Aus der zeitlichen Entwicklung der Mitgliederstruktur der Genossenschaftsbanken leiten sich spezielle Erkenntnisse her, insbesondere über die steigende Bedeutung, die der Arbeitnehmer-Mittelstand innerhalb der Volksbanken und Raiffeisenbanken gewonnen hat.

Dabei ist vorweg auf folgendes hinzuweisen: Die Statistiken über die Berufsgliederung der Mitglieder bei den Volksbanken und Raiffeisenbanken sind bis einschließlich 1971 vom Deutschen Genossenschaftsverband (DGV) und vom (alten) Deutschen Raiffeisenverband (DRV) getrennt veröffentlicht worden.[4] Außerdem wurden sie nach unterschiedlichen, vor allem auch nach anderen Kriterien, als wir sie korrespondierend zu unserem Mittelstandsbegriff benötigten, verfaßt. Schließlich sind bis in die frühen sechziger Jahre von seiten des Deutschen Raiffeisenverbandes nicht für jedes Jahr Statistiken über die Mitgliederentwicklung veröffentlicht worden. Dies alles hatte zur Folge, daß die vorliegende quantitative Zeitreihenanalyse von uns nur für ausgewählte Jahre durchgeführt wurde, manche Angaben lediglich Schätzwerte darstellen und auf einige Zahlen, die wir für die Zeit *ab* 1972 aufgrund der einheitlichen und detaillierten Statistik des Bundesverbandes der Deutschen Volksbanken und Raiffeisenbanken (BVR) machen können, für die Zeit *vor* 1972 verzichtet werden mußte.

---

4 Bis 1971 gab es für die Volksbanken und Raiffeisenbanken keinen einheitlichen Bundesverband, sondern es bestanden nebeneinander der Deutsche Genossenschaftsverband (DGV), dem neben den gewerblichen Waren- und Dienstleistungsgenossenschaften die Volksbanken angehörten, und der (alte) Deutsche Raiffeisenverband (DRV), dem neben den ländlichen Waren- und Dienstleistungsgenossenschaften die Raiffeisenbanken angehörten. Erst seit 1972 besteht mit dem Bundesverband der Deutschen Volksbanken und Raiffeisenbanken (BVR) ein gemeinsamer Bundesverband der Genossenschaftsbanken.

1.2.1. Der Anteil des Arbeitnehmer-Mittelstandes

1.2.1.1. Arbeitnehmer als Träger der Genossenschaftsbanken im Vergleich zum Gesamtumfang der Träger der Genossenschaftsbanken

Die Mitgliederentwicklung in den Volksbanken und Raiffeisenbanken seit dem Jahre 1950 ist von einer starken Zunahme der Zahl der Beamten, Angestellten und Arbeiter gekennzeichnet.

Belief sich die Zahl der Arbeitnehmer unter den Mitgliedern der Volksbanken 1950 auf 608 375, so waren es 1970 nahezu dreimal soviel, nämlich 1,66 Millionen. Der Anteil der Arbeitnehmer an den Mitgliedern in den Volksbanken stieg von 53,6 % im Jahre 1950 auf 58,8 % im Jahre 1970. Arbeitnehmer hatten der Zahl nach in den Volksbanken seit 1950 immer das größte Gewicht (vgl. Tabelle 7).

Bei den Raiffeisenbanken waren die Arbeitnehmer dagegen stets weniger stark vertreten als bei den Volksbanken. Dennoch belief sich ihre Zahl auch hier 1950 schon auf 305 730, und 1970 erreichte sie mit 1,61 Millionen nahezu die der Volksbanken. Die wachsende Bedeutung der Arbeitnehmer für die Genossenschaftsbanken wurde für die Raiffeisenbanken besonders spürbar.

Insgesamt hat bei den Volksbanken und Raiffeisenbanken die Zahl der Arbeitnehmer zwischen 1950 und 1970 von 914 105 auf 3,27 Millionen zugenommen. Sie hat sich also mehr als verdreifacht. Damit sind die Arbeitnehmer zur größten Gruppe unter den Mitgliedern geworden. Während ihr Anteil 1950 erst 33,8 % betragen hatte, waren es 1970 bereits 53,0 %. Auch nach 1970 hat sich diese aufsteigende Entwicklung fortgesetzt (vgl. Abbildung 1). Die absolute Zahl der Arbeitnehmer-Mitglieder nahm bis 1976 auf 4,76 Millionen, der relative Anteil auf 59,2 % zu.

1.2.1.2. Arbeitnehmer als Träger der Genossenschaftsbanken im Vergleich zum Gesamtumfang des Arbeitnehmer-Mittelstandes

Aufgrund der vorangegangenen Untersuchung läßt sich auch leicht berechnen, in welchem Umfang die Genossenschaftsbanken den Arbeitnehmer-Mittelstand betreuen. Wir hatten festgestellt, daß 1976 knapp 4,8 Millionen Arbeitnehmer Mitglieder und damit Träger von Genossenschaftsbanken waren. Gleichzeitig wissen wir, daß im Jahre 1976 etwa 9,4 Millionen Arbeitnehmer — Beamte, Angestellte und Arbeiter — dem Mittelstand zuzurechnen waren. Sie bildeten den Arbeitnehmer-Mittelstand. Gehen wir von der, im wesentlichen wohl zutreffenden, Annahme aus, daß die Arbeitnehmer unter den Mitgliedern

Tabelle 7
Arbeitnehmer als Träger der Genossenschaftsbanken 1950 bis 1976

	1950	1955	1960	1965	1970	1975	1976
*Volksbanken**							
Angestellte, Arbeiter, Beamte	608 375	758 745	1 033 032	1 319 881	1 660 529	—	—
(Anteil in %)	(53,6)	(55,3)	(58,2)	(58,7)	(58,8)		
Raiffeisenbanken							
Angestellte, Arbeiter, Beamte	305 730	393 120	611 613	983 238	1 608 688	—	—
(Anteil in %)	(19,5)	(22,8)	(29,5)	(37,7)	(48,1)		
Genossenschaftsbanken insgesamt							
Angestellte, Arbeiter, Beamte	914 105	1 151 865	1 644 645	2 303 119	3 269 217	4 641 000	4 759 680
(Anteil in %)	(33,8)	(37,2)	(42,8)	(47,4)	(53,0)	(59,5)	(59,2)

* Einschließlich Post-, Bahn- und Beamtengenossenschaften.
Quellen: Jahrbücher des Deutschen Genossenschaftsverbandes 1950 bis 1972. Statistische Berichte des Deutschen Raiffeisenverbandes 1956 bis 1972. Bericht und Zahlen 1976 des Bundesverbandes der Deutschen Volksbanken und Raiffeisenbanken. Eigene Berechnungen.

Abbildung 1
Der Anteil der Arbeitnehmer an den Trägern der Genossenschafts-
banken 1950 bis 1976

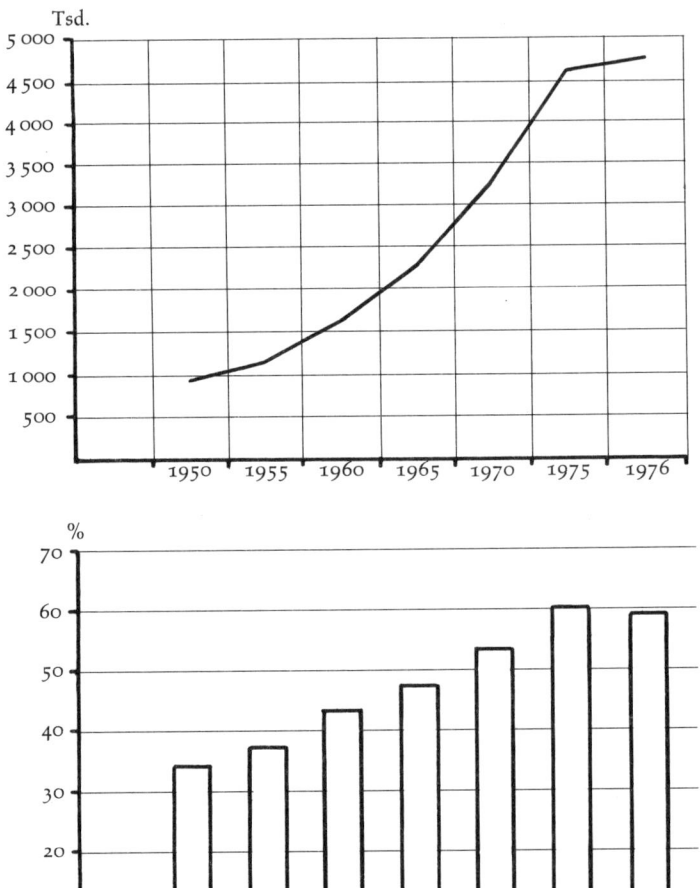

der Genossenschaftsbanken Angehörige des Arbeitnehmer-Mittelstandes
sind, so ergibt sich ein genossenschaftlicher ›Durchdringungsgrad‹ des Arbeitnehmer-Mittelstandes von 51 %. Mit anderen Worten: Jeder zweite mittelständische Arbeitnehmer war 1976 Mitglied bei einer Genossenschaftsbank und
wurde von ihr betreut (vgl. Abbildung 2).

Abbildung 2
Arbeitnehmer als Träger der Genossenschaftsbanken im Vergleich
zum gesamten Arbeitnehmer-Mittelstand 1976

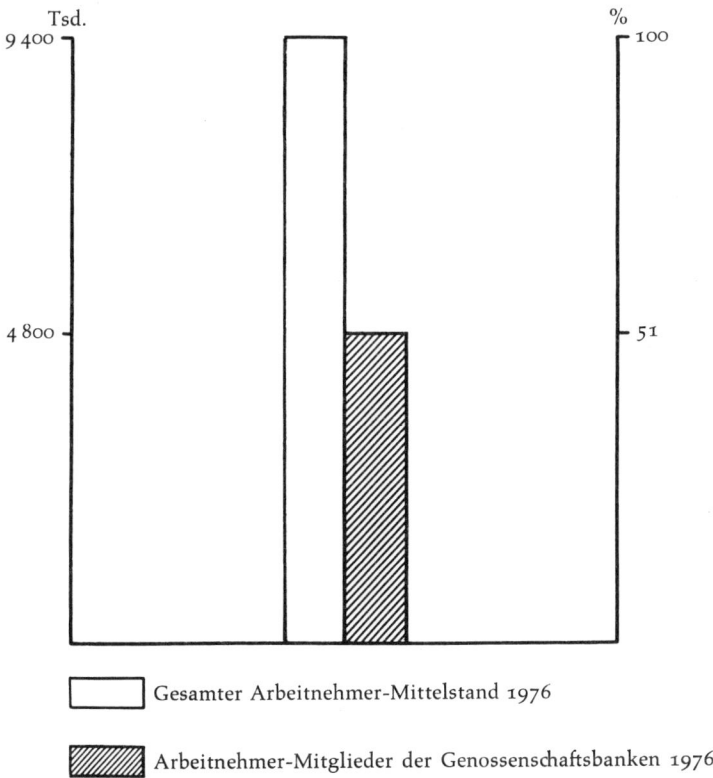

Gesamter Arbeitnehmer-Mittelstand 1976

Arbeitnehmer-Mitglieder der Genossenschaftsbanken 1976

1.2.2.   Der Anteil des Freiberufler-Mittelstandes

1.2.2.1. Freiberufler als Träger der Genossenschaftsbanken im Vergleich
*   zum Gesamtumfang der Träger der Genossenschaftsbanken*

Unter den Trägern der Genossenschaftsbanken machen die Angehörigen freier
Berufe, wie zum Beispiel Ärzte, Rechtsanwälte und Architekten, nur einen
relativ geringen Teil aus. Gleichwohl hat auch er sich seit 1950, unter leichten
Schwankungen, erhöht.
Bei den Volksbanken gehörten im Jahre 1950 31 500 Freiberufler zu ihren Mit-
gliedern. Im Jahre 1970 waren es 80 474. Dieser Anstieg hielt sich im Rahmen

Tabelle 8
Freiberufler als Träger der Genossenschaftsbanken 1950 bis 1976

	1950	1955	1960	1965	1970	1975	1976
*Volksbanken**							
Freiberufler	31 500	41 291	49 023	72 885	80 474	—	—
(Anteil in %)	(2,8)	(3,0)	(2,8)	(3,2)	(2,8)		
Raiffeisenbanken							
Freiberufler	7 800	8 600	14 500	28 041	42 999	—	—
(Anteil in %)	(0,5)	(0,5)	(0,7)	(1,1)	(1,3)		
Genossenschaftsbanken insgesamt							
Freiberufler	39 300	49 891	63 523	100 926	123 473	163 800	201 000
(Anteil in %)	(1,5)	(1,6)	(1,7)	(2,1)	(2,0)	(2,1)	(2,5)

* Einschließlich Post-, Bahn- und Beamtengenossenschaften.
Quellen: Siehe S. 19.

des allgemeinen Mitgliederzuwachses bei den Volksbanken, so daß der Anteil der Freiberufler am gesamten Mitgliederbestand bei 2,8 % verharrte (vgl. Tabelle 8).

In den Raiffeisenbanken fanden sich Freiberufler seltener unter den Mitgliedern als bei den Volksbanken. 1950 dürften etwa 7 800 oder 0,5 % der Mitglieder Angehörige freier Berufe gewesen sein. Während der folgenden zwanzig

Abbildung 3
Der Anteil der Freiberufler an den Trägern der Genossenschaftsbanken 1950 bis 1976

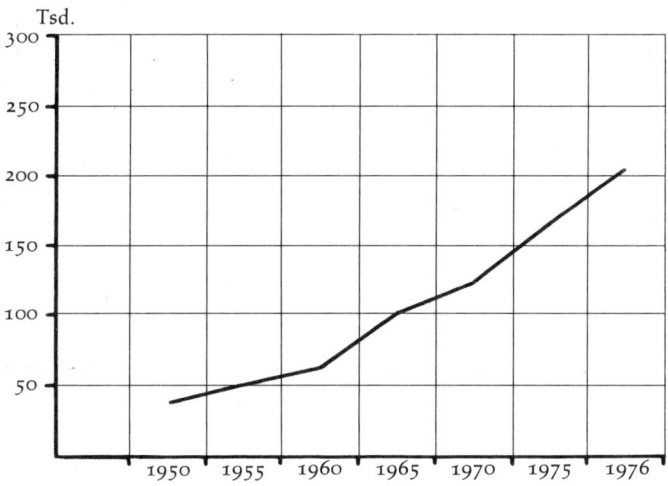

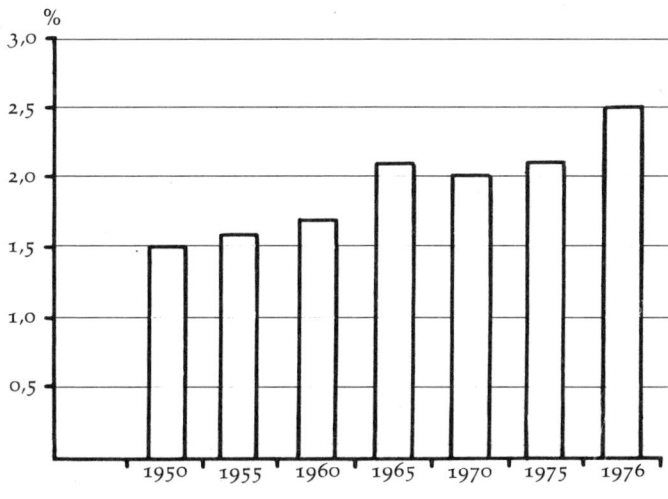

Jahre trat hier eine starke Zunahme ein: 1970 gehörten 43 000 Freiberufler zu den Mitgliedern der Raiffeisenbanken; das war ein Anteil von 1,3 %.

Bei den Volksbanken und Raiffeisenbanken zusammen dürften sich 1950 demnach etwa 39 300 Freiberufler unter den Mitgliedern befunden haben. 1970 waren es mit 123 500 mehr als dreimal soviel. Der Anteil an den Mitgliedern stieg damit von 1,5 % auf 2,0 %. Bis 1976 nahmen die absolute Zahl weiter auf 201 000 und der relative Anteil auf 2,5 % zu (vgl. Abbildung 3).

1.2.2.2. Freiberufler als Träger der Genossenschaftsbanken im Vergleich zum Gesamtumfang des Freiberufler-Mittelstandes

Anknüpfend an die vorangegangene Untersuchung wollen wir auch hier berechnen, in welchem Maße die Genossenschaftsbanken den Freiberufler-Mittelstand betreuen. Wir hatten festgestellt, daß 1976 rund 201 000 Freiberufler Mitglieder und damit Träger von Genossenschaftsbanken waren. Gleichzeitig wissen wir aus unserer Bestandsaufnahme des Mittelstandes, daß, von wenigen Ausnahmen abgesehen, alle Freiberufler dem Mittelstand zuzurechnen sind. Das waren im Jahre 1976 etwa 250 000. Sie bildeten den Freiberufler-Mittelstand. Aus der Gegenüberstellung dieser beiden Zahlen ergibt sich ein genossenschaftlicher ›Durchdringungsgrad‹ des Freiberufler-Mittelstandes von 80 %. Das heißt, vier Fünftel aller mittelständischen Freiberufler — und darüber hinaus aller Freiberufler überhaupt, denn diese beiden Personengruppen sind so gut wie deckungsgleich — waren 1976 Mitglied bei einer Genossenschaftsbank und wurden von ihr betreut. Grafisch läßt sich das wie in Abbildung 4 veranschaulichen.

1.2.3. Der Anteil des Unternehmer-Mittelstandes

1.2.3.1. Wirtschaftsbereich Land- und Forstwirtschaft

1.2.3.1.1. Unternehmer der Land- und Forstwirtschaft als Träger der Genossenschaftsbanken im Vergleich zum Gesamtumfang der Träger der Genossenschaftsbanken

Die Volksbanken haben eine verhältnismäßig geringe Zahl von Land- und Forstwirten unter ihren Mitgliedern. Im Jahre 1950 waren es 70 200; das entsprach einem Anteil an den Mitgliedern von 6,2 %. Trotz des relativen Rückganges, in dem sich der Wirtschaftsbereich Land- und Forstwirtschaft seit langem befindet,

Abbildung 4
Freiberufler als Träger der Genossenschaftsbanken im Vergleich
zum gesamten Freiberufler-Mittelstand 1976

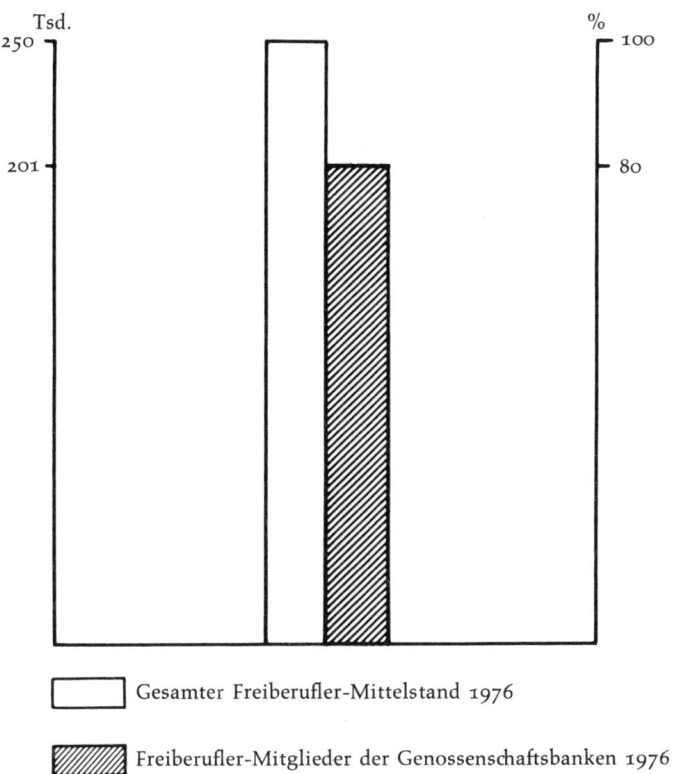

Gesamter Freiberufler-Mittelstand 1976

Freiberufler-Mitglieder der Genossenschaftsbanken 1976

stieg die Zahl der Land- und Forstwirte unter den Mitgliedern der Volksbanken bis 1970 noch auf knapp 88 700 an. Ihr Gewicht in der Mitgliederstruktur nahm jedoch ab; der Anteil ging auf 3,1 % zurück (vgl. Tabelle 9).
Bei den Raiffeisenbanken spielen die Land- und Forstwirte in der Mitgliederstruktur eine ungleich größere Rolle. Hierin werden die traditionell engen Beziehungen der Raiffeisenbanken zur Land- und Forstwirtschaft deutlich. Sie gründen sich darauf, daß die Raiffeisenbanken vor allem auf dem Lande und für die landwirtschaftlichen Berufe gegründet wurden. 1950 machten die Land- und Forstwirte mit schätzungsweise 862 300 die größte Gruppe innerhalb der Gesamtmitgliederzahl aus. Ihr Anteil betrug 55,0 %. In den zwanzig Jahren danach wurde hier jedoch der Strukturwandel in der Wirtschaft, von dem die Land- und Forstwirtschaft besonders erfaßt wurde, deutlich spürbar. 1970 waren nur

25

Tabelle 9
Unternehmer aus dem Wirtschaftsbereich Land- und Forstwirtschaft als Träger der Genossenschaftsbanken 1950 bis 1976

	1950	1955	1960	1965	1970	1975	1976
*Volksbanken**							
Unternehmer der Land- und							
Forstwirtschaft	70 200	69 483	75 526	84 939	88 660	—	—
(Anteil in %)	(6,2)	(5,1)	(4,3)	(3,8)	(3,1)		
Raiffeisenbanken							
Unternehmer der Land- und							
Forstwirtschaft	862 300	862 100	884 792	866 262	767 044	—	—
(Anteil in %)	(55,0)	(50,0)	(42,7)	(33,2)	(22,9)		
Genossenschaftsbanken insgesamt							
Unternehmer der Land- und							
Forstwirtschaft	932 500	931 583	960 318	951 201	855 704	468 000	466 320
(Anteil in %)	(34,5)	(30,1)	(25,0)	(19,6)	(13,9)	(6,0)	(5,8)

* Einschließlich Post-, Bahn- und Beamtengenossenschaften.
Quellen: Siehe S. 19.

noch gut 767 000 Land- und Forstwirte, entsprechend 22,9 %, Mitglieder bei den Raiffeisenbanken.

Volksbanken und Raiffeisenbanken zusammen hatten von 1950 bis 1970 einen Rückgang landwirtschaftlicher Unternehmer unter ihren Mitgliedern von 932 500 auf 855 700 zu verzeichnen. Der relative Anteil sank von 34,5 % auf 13,9 % ab. Seit 1970 setzte sich die Tendenz verstärkt fort (vgl. Abbildung 5),

Abbildung 5
Der Anteil der Unternehmer aus Land- und Forstwirtschaft an den
Trägern der Genossenschaftsbanken 1950 bis 1976

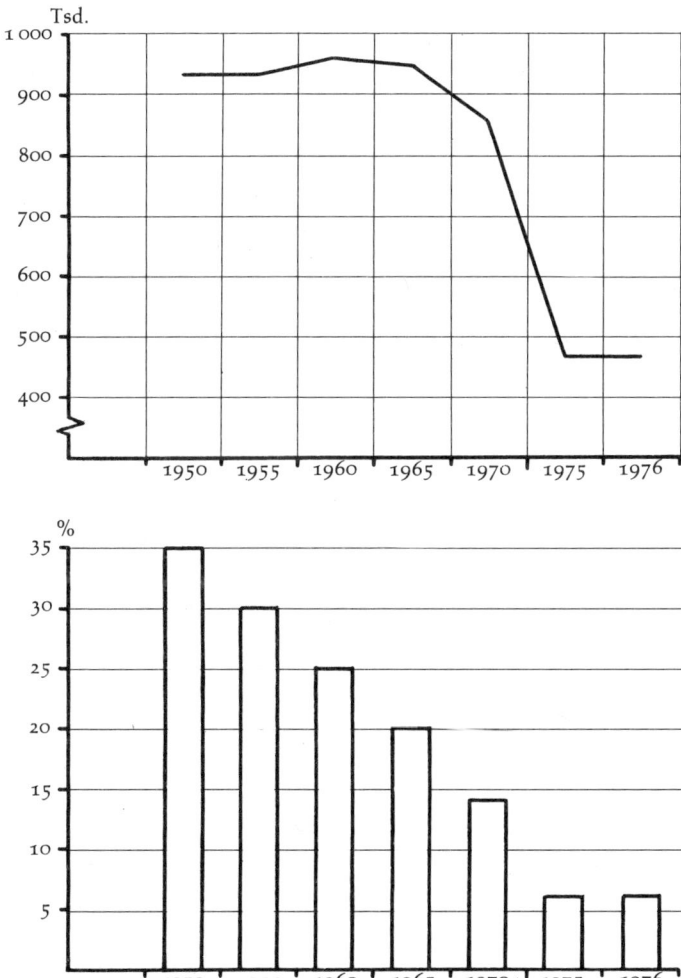

da der Strukturwandel anhielt und immer mehr Menschen aus der Land- und Forstwirtschaft in andere Wirtschaftsbereiche abwanderten. 1976 betrug die absolute Zahl von Land- und Forstwirten unter den Mitgliedern der Genossenschaftsbanken nur noch gut 466 300, der relative Anteil 5,8 %.[5]

1.2.3.1.2. Unternehmer der Land- und Forstwirtschaft als Träger der Genossenschaftsbanken im Vergleich zum Gesamtumfang des Unternehmer-Mittelstandes in der Land- und Forstwirtschaft

Im Anschluß an die Untersuchung über den Anteil, den Land- und Forstwirte an den Trägern der Genossenschaftsbanken haben, läßt sich auch hier berechnen, in welchem Maße die Genossenschaftsbanken den Unternehmer-Mittelstand des Wirtschaftsbereiches Land- und Forstwirtschaft betreuen. Wir hatten festgestellt, daß 1976 rund 466 300 Land- und Forstwirte Mitglieder bei den Genossenschaftsbanken waren. Aus unseren Untersuchungen über den Unternehmer-Mittelstand wissen wir, daß bis auf einen geringen Prozentsatz alle selbständigen hauptberuflichen Land- und Forstwirte als Mittelständler anzusehen sind. 1976 waren dies 602 000. Geht man von der, im wesentlichen wohl zutreffenden, Annahme aus, daß die Land- und Forstwirte unter den Mitgliedern der Genossenschaftsbanken mittelständische Land- und Forstwirte sind, so ergibt sich aus der Gegenüberstellung der beiden Zahlen ein genossenschaftlicher ›Durchdringungsgrad‹ des Unternehmer-Mittelstandes im Wirtschaftsbereich Land- und Forstwirtschaft von 77 %. Wie auch Abbildung 6 veranschaulicht, waren also 1976 mehr als drei Viertel aller mittelständischen Land- und Forstwirte beziehungsweise, wegen der weitgehenden Identität beider Personenkreise, drei Viertel aller hauptberuflich tätigen Land- und Forstwirte überhaupt Mitglied einer Genossenschaftsbank und wurden von ihr betreut.

1.2.3.2. Wirtschaftsbereich Produzierendes Gewerbe

1.2.3.2.1. Unternehmer des Produzierenden Gewerbes als Träger der Genossenschaftsbanken im Vergleich zum Gesamtumfang der Träger der Genossenschaftsbanken

Zahlen darüber, in welchem Umfang Unternehmer des Produzierenden Gewerbes in der Zeit von 1950 bis 1970 Mitglieder bei den Genossenschaftsbanken waren, liegen nur aus dem Bereich der Volksbanken, nicht jedoch aus dem Be-

---

5 Der starke Rückgang von 1970 auf 1976 dürfte allerdings durch die Umstellung der Statistik 1972 überzeichnet sein.

Abbildung 6
Unternehmer aus Land- und Forstwirtschaft als Träger der
Genossenschaftsbanken im Vergleich zum gesamten Unternehmer-
Mittelstand in Land- und Forstwirtschaft 1976

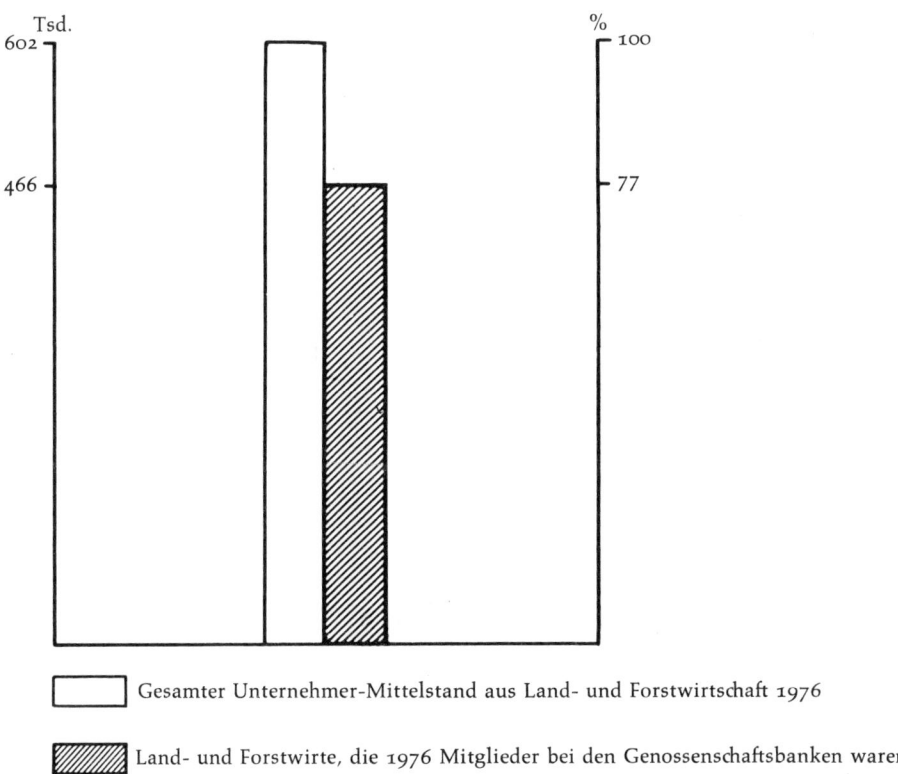

☐ Gesamter Unternehmer-Mittelstand aus Land- und Forstwirtschaft 1976

▨ Land- und Forstwirte, die 1976 Mitglieder bei den Genossenschaftsbanken waren

reich der Raiffeisenbanken, vor. Freilich dürften sich mit dem vorhandenen
Material die wesentlichen Entwicklungslinien zutreffend andeuten lassen, da
die Unternehmer des Produzierenden Gewerbes, also insbesondere die Handwerker und die Kleinindustriellen, traditionell immer vor allem in den Volksbanken zu finden waren.
1950 gehörten 147 518 Unternehmer des Produzierenden Gewerbes zu den Mitgliedern der Volksbanken. Dies entsprach einem Anteil von 13,0 %. Im weiteren Verlauf stieg die Zahl der Mitglieder aus dieser Personengruppe bis 1970
zwar auf 212 545 an, ihr Anteil ging jedoch auf 7,5 % zurück.
Für die Zeit danach liegen Zahlen vor, die die Mitgliederentwicklung bei Volksbanken und Raiffeisenbanken gemeinsam erfassen. 1976 belief sich die Zahl
unternehmerischer Mitglieder aus dem Produzierenden Gewerbe auf 377 880.
Das war ein Anteil von 4,7 % (vgl. Tabelle 10).

Tabelle 10
Unternehmer aus dem Wirtschaftsbereich Produzierendes Gewerbe als Träger der Genossenschaftsbanken 1950 bis 1976

	1950	1955	1960	1965	1970	1975	1976
*Volksbanken**							
Unternehmer des Produzierenden Gewerbes	147 518	158 834	185 055	213 374	212 545	—	—
(Anteil in %)	(13,0)	(11,6)	(10,4)	(9,5)	(7,5)		
Raiffeisenbanken							
Unternehmer des Produzierenden Gewerbes	—	—	—	—	—	—	—
(Anteil in %)							
Genossenschaftsbanken insgesamt							
Unternehmer des Produzierenden Gewerbes	—	—	—	—	—	374 400	377 880
(Anteil in %)						(4,8)	(4,7)

* Einschließlich Post-, Bahn- und Beamtengenossenschaften.
Quellen: Jahrbücher des Deutschen Genossenschaftsverbandes 1950 bis 1972. Bericht und Zahlen 1976 des Bundesverbandes der Deutschen Volksbanken und Raiffeisenbanken.
Eigene Berechnungen.

1.2.3.2.2. *Unternehmer des Produzierenden Gewerbes als Träger der*
Genossenschaftsbanken im Vergleich zum Gesamtumfang des
Unternehmer-Mittelstandes im Produzierenden Gewerbe

Anknüpfend an die Untersuchung über den Anteil, den Unternehmer des Produzierenden Gewerbes an den Mitgliedern der Genossenschaftsbanken haben,
können wir auch hier darstellen, in welchem Maße die Genossenschaftsbanken
den Unternehmer-Mittelstand des Wirtschaftsbereiches Produzierendes Gewerbe betreuen. Wir hatten ermittelt, daß im Jahre 1976 rund 377 900 Unternehmer des Produzierenden Gewerbes den Genossenschaftsbanken als Mitglieder und Träger angehörten. Außerdem wissen wir, daß im Jahre 1976 rund
96 % aller selbständigen Unternehmer des Produzierenden Gewerbes, also

Abbildung 7
Unternehmer des Produzierenden Gewerbes als Träger der
Genossenschaftsbanken im Vergleich zum gesamten Unternehmer-
Mittelstand im Produzierenden Gewerbe 1976

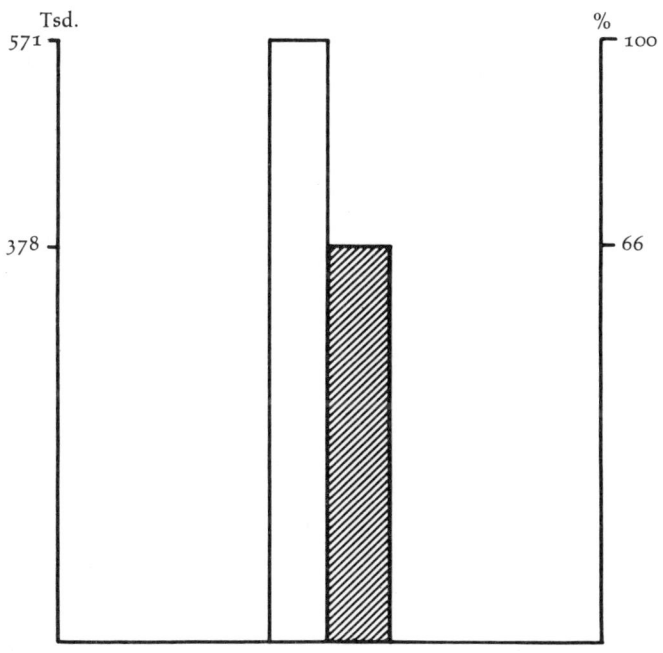

☐ Gesamter Unternehmer-Mittelstand des Produzierenden Gewerbes 1976

▨ Unternehmer des Produzierenden Gewerbes, die 1976 Mitglieder bei den
Genossenschaftsbanken waren

31

571 000, dem Unternehmer-Mittelstand zuzurechnen waren. Gehen wir wieder von der Annahme aus, daß die Unternehmer des Produzierenden Gewerbes unter den Mitgliedern der Genossenschaftsbanken Angehörige des Unternehmer-Mittelstandes sind, was sicherlich bis auf wenige Fälle zutrifft, so ergibt sich ein genossenschaftlicher ›Durchdringungsgrad‹ des Unternehmer-Mittelstandes im Wirtschaftsbereich Produzierendes Gewerbe von 66 %. Zwei Drittel aller mittelständischen Unternehmer des Produzierenden Gewerbes und damit praktisch aller Unternehmer des Produzierenden Gewerbes überhaupt waren also 1976 Mitglieder bei einer Genossenschaftsbank und wurden von ihr betreut (vgl. Abbildung 7).

1.2.3.3.   Wirtschaftsbereiche Handel und Verkehr

1.2.3.3.1. Unternehmer aus Handel und Verkehr als Träger der Genossenschaftsbanken im Vergleich zum Gesamtumfang der Träger der Genossenschaftsbanken

Wie in bezug auf das Produzierende Gewerbe, gab es auch für die Wirtschaftsbereiche Handel und Verkehr zunächst nur von seiten der Volksbanken detaillierte Angaben darüber, in welchem Umfang ihre Mitglieder aus Unternehmern dieser Wirtschaftsbereiche bestanden. 1950 waren etwa 67 100 oder 5,9 % der Mitglieder Unternehmer des Handels- oder Verkehrsbereiches. Bis 1970 stieg die absolute Zahl auf 148 000 an, der relative Anteil ging auf 5,2 % zurück. Ähnliche Tendenz wies die Entwicklung im bisherigen Verlauf der siebziger Jahre auf. Die Zahl der Mitglieder, die Unternehmer in Handel oder Verkehr waren, nahm zwar bis 1976 auf 385 900 zu. Der relative Anteil nahm jedoch weiter ab; 1976 lag er bei 4,8 % (vgl. Tabelle 11).

1.2.3.3.2. Unternehmer aus Handel und Verkehr als Träger der Genossenschaftsbanken im Vergleich zum Gesamtumfang des Unternehmer-Mittelstandes in Handel und Verkehr

Auch hier soll im Anschluß an die Untersuchung über den Anteil, den die Unternehmer aus Handel und Verkehr am gesamten Mitgliederbestand der Genossenschaftsbanken haben, gezeigt werden, inwieweit die Genossenschaftsbanken den Unternehmer-Mittelstand aus den Wirtschaftsbereichen Handel und Verkehr betreuen. Wir haben gesehen, daß im Jahre 1976 rund 385 900 Unternehmer aus Handel und Verkehr den Genossenschaftsbanken als Mitglieder und

32

Tabelle 11
Unternehmer aus den Wirtschaftsbereichen Handel und Verkehr als Träger der Genossenschaftsbanken 1950 bis 1976

	1950	1955	1960	1965	1970	1975	1976
*Volksbanken**							
Unternehmer aus							
Handel und Verkehr	67 100	84 300	106 700	126 450	148 000	—	—
(Anteil in %)	(5,9)	(6,1)	(6,0)	(5,6)	(5,2)		
Raiffeisenbanken							
Unternehmer aus							
Handel und Verkehr	—	—	—	—	—	—	—
(Anteil in %)							
Genossenschaftsbanken insgesamt							
Unternehmer aus							
Handel und Verkehr	—	—	—	—	—	382 200	385 900
(Anteil in %)						(4,9)	(4,8)

* Einschließlich Post-, Bahn- und Beamtengenossenschaften.
Quellen: Siehe S. 30.

Träger angehörten. Gleichzeitig wissen wir, daß im selben Jahr 98 % der selbständigen Unternehmer aus diesen Wirtschaftsbereichen, also rund 605 000, dem Unternehmer-Mittelstand zuzurechnen waren. Gehen wir wieder von der Annahme aus, daß die selbständigen Handels-und Verkehrsunternehmer unter den Mitgliedern der Genossenschaftsbanken Angehörige des Unternehmer-Mittelstandes sind, was wohl wieder weitgehend zutreffen dürfte, so ergibt sich hier ein genossenschaftlicher ›Durchdringungsgrad‹ des Unternehmer-Mittelstandes der Wirtschaftsbereiche Handel und Verkehr von 64 %. Auch hier kann man also etwa sagen, daß zwei Drittel aller mittelständischen und darüber hinaus aller Handels- und Verkehrsunternehmer überhaupt im Jahre 1976 Mitglieder bei einer Genossenschaftsbank waren und von ihr betreut wurden (vgl. Abbildung 8).

Abbildung 8
Unternehmer aus Handel und Verkehr als Träger der
Genossenschaftsbanken im Vergleich zum gesamten Unternehmer-
Mittelstand in Handel und Verkehr 1976

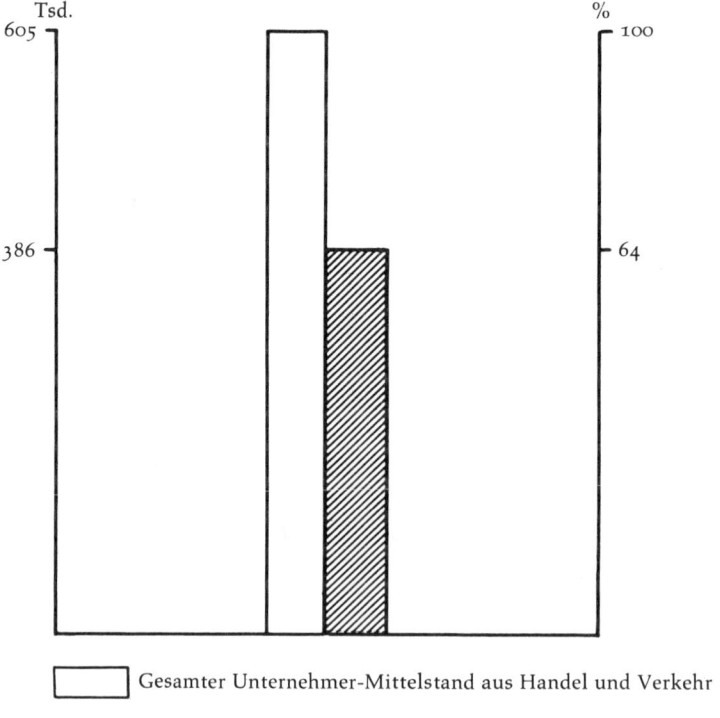

Gesamter Unternehmer-Mittelstand aus Handel und Verkehr 1976

Unternehmer aus Handel und Verkehr, die 1976 Mitglieder bei den Genossenschaftsbanken waren

1.2.3.4. Sonstige Wirtschaftsbereiche

1.2.3.4.1. Unternehmer sonstiger Wirtschaftsbereiche als Träger der
Genossenschaftsbanken im Vergleich zum Gesamtumfang der
Träger der Genossenschaftsbanken

Aus anderen Wirtschaftsbereichen als den zuvor genannten schließlich stammen knapp 3 % der Mitglieder der Genossenschaftsbanken. 1950 waren es bei den Volksbanken (von den Raiffeisenbanken liegen keine Angaben vor) etwa 25 250, entsprechend einem Anteil von 2,2 %. Der größte Wirtschaftsbereich innerhalb der ›sonstigen‹ ist der des Gaststätten- und Beherbergungsgewerbes. Aufgrund der Zunahme von Mitgliedern speziell aus diesem Wirtschaftsbereich stieg auch die Gesamtzahl der Mitglieder der hier zu untersuchenden sonstigen Wirtschaftsbereiche bis 1970 auf 81 900, entsprechend einem Anteil von 2,9 %.
Für die Zeit nach 1970 läßt sich nur die Entwicklung der sonstigen Wirtschaftsbereiche insgesamt, dafür aber für die Volksbanken und Raiffeisenbanken gemeinsam, verfolgen. 1976 betrug die Zahl der Mitglieder aus sonstigen, nicht näher genannten, Wirtschaftsbereichen bei den Genossenschaftsbanken 184 900, der relative Anteil 2,3 % (vgl. Tabelle 12).

1.2.3.4.2. Unternehmer sonstiger Wirtschaftsbereiche als Träger der
Genossenschaftsbanken im Vergleich zum Gesamtumfang des
Unternehmer-Mittelstandes in sonstigen Wirtschaftsbereichen

Aufgrund unserer Untersuchung über den Anteil, den Unternehmer sonstiger, nicht näher genannter, Wirtschaftsbereiche an den Mitgliedern der Genossenschaftsbanken haben, wollen wir auch hier zeigen, in welchem Maße damit die Genossenschaftsbanken den Unternehmer-Mittelstand in diesen Wirtschaftsbereichen betreuen. Wir hatten gesehen, daß 1976 bei den Genossenschaftsbanken 184 900 Unternehmer aus sonstigen Wirtschaftsbereichen Mitglieder waren. Gleichzeitig wissen wir aus unseren Untersuchungen über den Unternehmer-Mittelstand, daß 1976 in diesen sonstigen, nur zum Teil näher genannten, Wirtschaftsbereichen 97 % der selbständigen Unternehmer, das waren 358 900, dem Unternehmer-Mittelstand zuzurechnen waren. Gehen wir wieder von der Annahme aus, daß die Unternehmer der sonstigen Wirtschaftsbereiche unter den Mitgliedern der Genossenschaftsbanken Angehörige des Unternehmer-Mittelstandes sind, was sicherlich ganz überwiegend zutrifft, so ergibt sich ein genossenschaftlicher ›Durchdringungsgrad‹ des Unternehmer-Mittelstandes in diesen Wirtschaftsbereichen von 52 %. Jeder zweite mittelständische Unterneh-

Tabelle 12

Unternehmer aus sonstigen Wirtschaftsbereichen als Träger der Genossenschaftsbanken 1950 bis 1976

	1950	1955	1960	1965	1970	1975	1976
Volksbanken *							
Unternehmer sonstiger							
Wirtschaftsbereiche	25 250	32 350	49 700	59 350	81 900	—	—
(Anteil in %)	(2,2)	(2,4)	(2,8)	(2,6)	(2,9)		
Raiffeisenbanken							
Unternehmer sonstiger							
Wirtschaftsbereiche	—	—	—	—	—	—	—
(Anteil in %)							
Genossenschaftsbanken insgesamt							
Unternehmer sonstiger							
Wirtschaftsbereiche	—	—	—	—	—	187 200	184 900
(Anteil in %)						(2,4)	(2,3)

* Einschließlich Post-, Bahn- und Beamtengenossenschaften.
Quellen: Siehe S. 30.

mer und darüber hinaus praktisch jeder zweite Unternehmer der sonstigen Wirtschaftsbereiche überhaupt war also 1976 Mitglied bei einer Genossenschaftsbank und wurde von ihr betreut (vgl. Abbildung 9).

Abbildung 9
Unternehmer sonstiger Wirtschaftsbereiche als Träger der
Genossenschaftsbanken im Vergleich zum gesamten Unternehmer-
Mittelstand aus sonstigen Wirtschaftsbereichen 1976

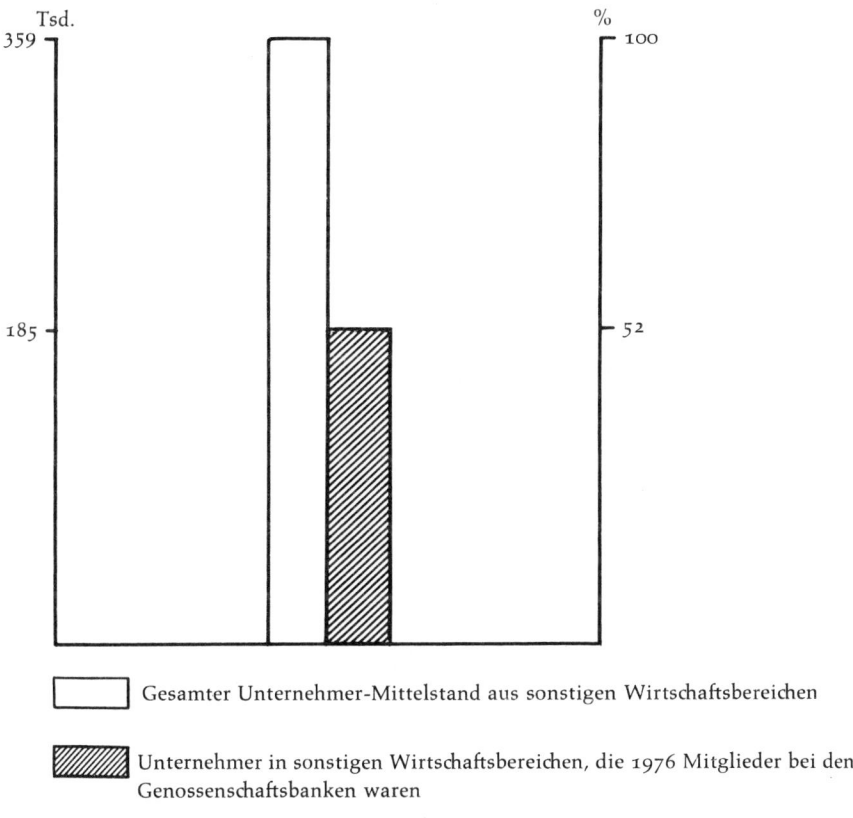

Gesamter Unternehmer-Mittelstand aus sonstigen Wirtschaftsbereichen

Unternehmer in sonstigen Wirtschaftsbereichen, die 1976 Mitglieder bei den Genossenschaftsbanken waren

1.2.3.5.   Wirtschaftsbereiche insgesamt

1.2.3.5.1. Unternehmer als Träger der Genossenschaftsbanken im Vergleich
*   zum Gesamtumfang der Träger der Genossenschaftsbanken*

Betrachten wir abschließend, wie sich die Zahl der Unternehmer-Mitglieder aus allen Wirtschaftsbereichen zusammen entwickelt hat. Bei den Volksbanken nahm sie von 310 000 im Jahre 1950 auf 531 000 im Jahre 1970 zu. Trotz dieser

37

Tabelle 13
Unternehmer der verschiedenen Wirtschaftsbereiche als Träger der Genossenschaftsbanken 1950 bis 1976

	1950	1955	1960	1965	1970	1975	1976
*Volksbanken**							
Land- und Forstwirtschaft	70 200	69 483	75 526	84 939	88 660	—	—
Produzierendes Gewerbe	147 518	158 834	185 055	213 374	212 545	—	—
Handel und Verkehr	67 100	84 300	106 700	126 450	148 000	—	—
Sonstige Wirtschaftsbereiche	25 250	32 350	49 700	59 350	81 900	—	—
Summe	310 068	344 967	416 981	484 113	531 105	—	—
(Anteil in %)	(27,3)	(25,1)	(23,5)	(21,5)	(18,8)	—	—
Raiffeisenbanken							
Land- und Forstwirtschaft	862 300	862 100	884 792	866 262	767 044	—	—
Produzierendes Gewerbe							
Handel und Verkehr	329 250	374 150	399 210	446 646	480 322	—	—
Sonstige Wirtschaftsbereiche							
Summe	1 191 550	1 236 250	1 284 002	1 312 908	1 247 366	—	—
(Anteil in %)	(76,0)	(71,7)	(62,0)	(50,3)	(37,3)	—	—
Genossenschaftsbanken insgesamt							
Land- und Forstwirtschaft	932 500	931 583	960 318	951 201	855 704	468 000	466 320
Produzierendes Gewerbe						374 400	377 880
Handel und Verkehr	569 118	649 634	740 665	845 820	922 767	382 200	385 900
Sonstige Wirtschaftsbereiche						187 200	184 900
Summe	1 501 618	1 581 217	1 700 983	1 797 021	1 778 471	1 411 800	1 415 000
(Anteil in %)	(55,5)	(51,1)	(44,2)	(37,0)	(28,8)	(18,1)	(17,6)

* Einschließlich Post-, Bahn- und Beamtengenossenschaften.
Quellen: Siehe S. 19.

deutlichen Steigerung ging der relative Anteil der Unternehmer an der Gesamtmitgliederzahl von 27,3 % auf 18,8 % zurück (vgl. Tabelle 13).

Analog verlief die Entwicklung bei den Raiffeisenbanken. Auch hier konnte sich
zwischen 1950 und 1970 die Zahl der Unternehmer unter den Mitgliedern von
1,19 Millionen auf 1,25 Millionen erhöhen. Unter der Gesamtheit der Mitglieder machten die Unternehmer 1970 jedoch nur noch 37,3 % aus, während es
zwei Jahrzehnte zuvor 76,0 % gewesen waren.

Abbildung 10
*Der Anteil der Unternehmer aller Wirtschaftsbereiche an den
Trägern der Genossenschaftsbanken 1976*

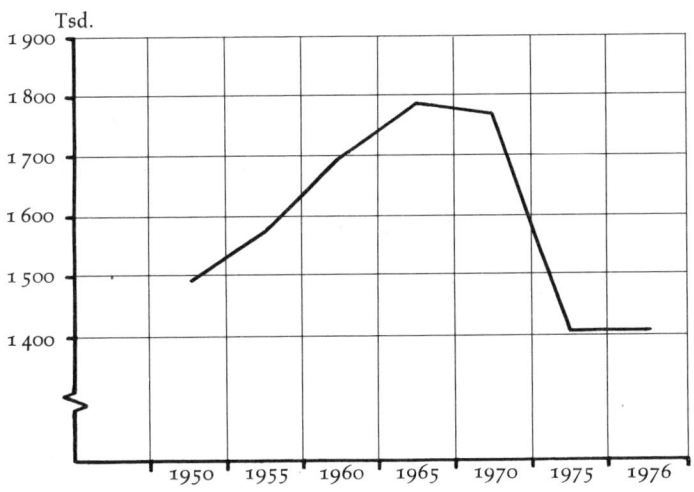

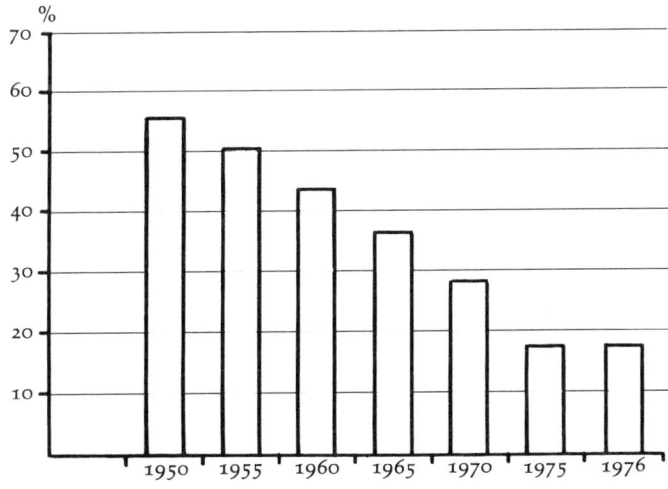

39

Volksbanken und Raiffeisenbanken zusammen hatten 1950 rund 1,50 Millionen Mitglieder, die Unternehmer waren. Das entsprach einem Anteil von 55,5 %. Bis in die Mitte der sechziger Jahre stieg die Zahl der Unternehmer-Mitglieder auf 1,80 Millionen an, während der relative Anteil auf 37,0 % zurückging. In den folgenden Jahren nahmen dann die Unternehmer unter den Mitgliedern sowohl der absoluten als auch der relativen Zahl nach ab. 1976 waren es noch 1,42 Millionen, entsprechend einem Anteil von 17,6 %. Dies hing zum einen mit dem Umstrukturierungsprozeß in der Landwirtschaft zusammen, der den Kreis der Unternehmer aus diesem Wirtschaftsbereich kleiner werden ließ. Zum anderen war es die Folge davon, daß die Genossenschaftsbanken einen starken Zustrom von Arbeitnehmern unter ihren Mitgliedern zu verzeichnen hatten, der die anderen Mitgliedergruppen in ihrem relativen Gewicht zurückdrängte. Bildlich dargestellt ergibt sich für die beschriebene Entwicklung der aus Abbildung 10 ablesbare Verlauf.

Abbildung 11
Unternehmer aller Wirtschaftsbereiche als Träger der Genossenschafts-
banken im Vergleich zum gesamten Unternehmer-Mittelstand 1976

Gesamter Unternehmer-Mittelstand 1976

Unternehmer-Mitglieder der Genossenschaftsbanken 1976

1.2.3.5.2. *Unternehmer als Träger der Genossenschaftsbanken im Vergleich zum Gesamtumfang des Unternehmer-Mittelstandes*

Im Anschluß an die Untersuchung, welchen Anteil die Unternehmerschaft an den Mitgliedern der Genossenschaftsbanken hat, wollen wir schließlich sehen, in welchem Maße damit die Genossenschaftsbanken den Unternehmer-Mittelstand insgesamt betreuen. Wir hatten ermittelt, daß sich 1976 unter den Mitgliedern der Volksbanken und Raiffeisenbanken 1,42 Millionen Unternehmer befanden. Außerdem hatten wir in unserer Abhandlung über die Bedeutung des Mittelstandes die Feststellung getroffen, daß, von wenigen Ausnahmen abgesehen, alle selbständigen Unternehmer Mittelstandsangehörige sind. 1976 waren das 2,2 Millionen. Sie bilden den Unternehmer-Mittelstand. Gehen wir nun wieder von der Annahme aus, daß alle Unternehmer unter den Mitgliedern dem Mittelstand angehören, und stellen wir die beiden Zahlen einander gegenüber, so ergibt sich ein genossenschaftlicher ›Durchdringungsgrad‹ des Unternehmer-Mittelstandes von 64 %. Das heißt: Nahezu zwei Drittel aller mittelständischen und darüber hinaus auch aller selbständigen Unternehmer überhaupt waren 1976 Mitglied bei einer Genossenschaftsbank und wurden von ihr betreut (vgl. Abbildung 11).

1.2.4. *Der Anteil des wirtschaftlichen Mittelstandes insgesamt*

1.2.4.1. *Arbeitnehmer, Freiberufler und Unternehmer als Träger der Genossenschaftsbanken im Vergleich zum Gesamtumfang der Träger der Genossenschaftsbanken*

Den Volksbanken gehörten 1950 knapp 950 000 Arbeitnehmer, Freiberufler und Unternehmer als Mitglieder an. Der Anteil dieser Erwerbstätigen an der Gesamtmitgliederzahl betrug 83,6 %. Die übrigen Mitglieder waren vor allem Rentner, Pensionäre, Altenteiler, Hausfrauen und Kinder — Personengruppen, die nicht oder nicht mehr im Erwerbsleben standen. Bis 1970 nahm die Zahl der Arbeitnehmer, Freiberufler und Unternehmer unter den Mitgliedern der Volksbanken auf 2,27 Millionen zu. Ihr Anteil am Gesamtmitgliederbestand sank auf 80,4 % (vgl. Tabelle 14).
In den Grundzügen ähnlich verlief die Entwicklung bei den Raiffeisenbanken. Diese zählten 1950 1,51 Millionen Arbeitnehmer, Freiberufler und Unternehmer zu ihren Mitgliedern, was einem Anteil an der Gesamtmitgliederzahl von 96,0 % entsprach. Bis 1970 stieg die absolute Zahl auf 2,90 Millionen, während der relative Anteil auf 86,6 % sank.

Tabelle 14
Arbeitnehmer, Freiberufler und Unternehmer als Träger der Genossenschaftsbanken 1950 bis 1976

	1950	1955	1960	1965	1970	1975	1976
Volksbanken*							
Arbeitnehmer	608 375	758 745	1 033 032	1 319 881	1 660 529	—	—
Freiberufler	31 500	41 291	49 023	72 885	80 474	—	—
Unternehmer	310 068	344 967	416 981	484 113	531 105	—	—
Summe	949 943	1 145 003	1 499 036	1 876 879	2 272 108	—	—
(Anteil in %)	(83,6)	(83,4)	(84,4)	(83,4)	(80,4)		
Raiffeisenbanken							
Arbeitnehmer	305 730	393 120	611 613	983 238	1 608 688	—	—
Freiberufler	7 800	8 600	14 500	28 041	42 999	—	—
Unternehmer	1 191 550	1 236 250	1 284 002	1 312 908	1 247 366	—	—
Summe	1 505 080	1 637 970	1 910 115	2 324 187	2 899 053	—	—
(Anteil in %)	(96,0)	(95,0)	(92,2)	(89,1)	(86,6)		
Genossenschaftsbanken insgesamt							
Arbeitnehmer	914 105	1 151 865	1 644 645	2 303 119	3 269 217	4 641 000	4 759 680
Freiberufler	39 300	49 891	63 523	100 926	123 473	163 800	201 000
Unternehmer	1 501 618	1 581 217	1 700 983	1 797 021	1 778 471	1 411 800	1 415 000
Summe	2 455 023	2 782 973	3 409 151	4 201 066	5 171 161	6 216 600	6 375 680
(Anteil in %)	(90,8)	(89,9)	(88,6)	(86,5)	(83,8)	(79,7)	(79,3)

* Einschließlich Post-, Bahn- und Beamtenbanken.
Quellen: Siehe S. 19.

Der Gruppe der Genossenschaftsbanken insgesamt gehörten damit 1950 2,46 Millionen Mitglieder an, die Arbeitnehmer, Freiberufler oder Unternehmer waren. Ihr Anteil an der Gesamtmitgliederzahl betrug 90,8 %. Entsprechend des sich verschlechternden Altersaufbaus in der Bevölkerung ging auch bei den Genossenschaftsbanken der relative Anteil der erwerbstätigen Mitglieder ab 1950 zurück. Die Mitgliederzahl insgesamt stieg aber steil an. 1970 waren 5,17 Millionen Arbeitnehmer, Freiberufler und Unternehmer, entsprechend

Abbildung 12
Der Anteil der Arbeitnehmer, Freiberufler und Unternehmer an den Trägern der Genossenschaftsbanken 1950 bis 1976

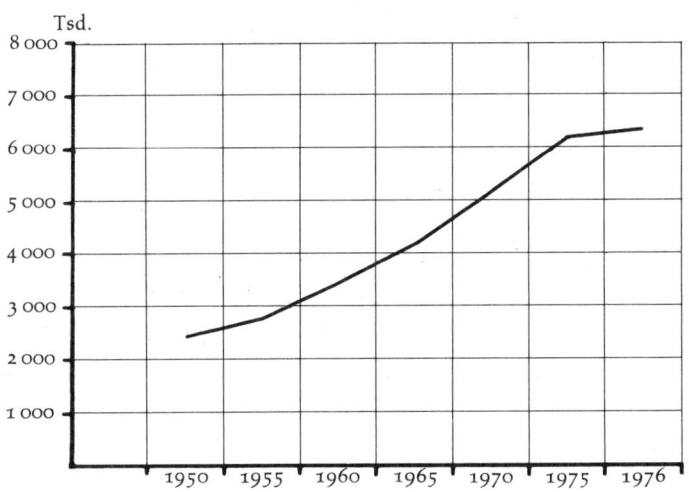

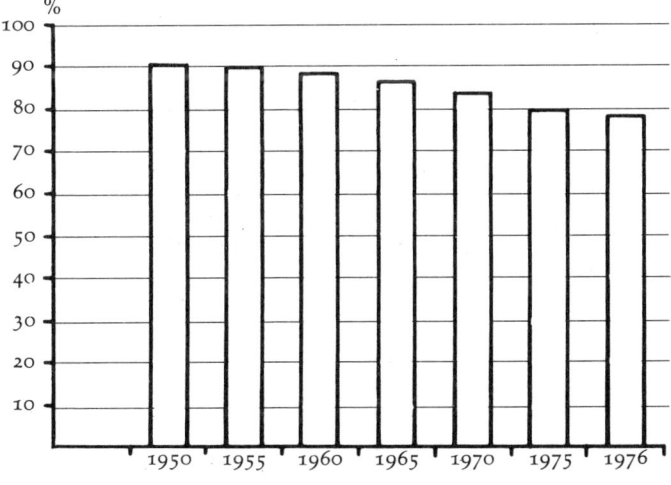

83,8 %, Mitglieder bei einer Volksbank oder Raiffeisenbank. Bis 1976 nahm die absolute Zahl auf 6,38 Millionen zu, womit 79,3 % der insgesamt 8,04 Millionen Mitglieder aller Genossenschaftsbanken Arbeitnehmer, Freiberufler oder Unternehmer waren (vgl. Abbildung 12).

1.2.4.2. *Arbeitnehmer, Freiberufler und Unternehmer als Träger der Genossenschaftsbanken im Vergleich zum Gesamtumfang des wirtschaftlichen Mittelstandes*

Auf der Grundlage unserer Untersuchung, welchen Anteil Arbeitnehmer, Freiberufler und Unternehmer an der Gesamtzahl der Mitglieder der Genossenschaftsbanken haben, wollen wir nun abschließend sehen, in welchem Maße die Genossenschaftsbanken den wirtschaftlichen Mittelstand insgesamt betreuen. Wir hatten gesehen, daß 1976 rund 6,4 Millionen Arbeitnehmer, Freiberufler und Unternehmer Mitglieder bei den Genossenschaftsbanken waren. Ferner hatten wir errechnet, daß es unter den im Wirtschaftsleben Tätigen, also unter den Arbeitnehmern, Freiberuflern und Unternehmern, einen großen Bereich gibt, dem die Bezeichnung ›Mittelstand‹ zukommt. Für das Jahr 1976 waren es knapp 12 Millionen Menschen. Gehen wir wieder von der Annahme aus, daß alle diese Erwerbstätigen unter den Mitgliedern der Genossenschaftsbanken Mittelständler sind, und stellen wir die beiden Zahlen einander gegenüber, so ergibt sich ein genossenschaftlicher ›Durchdringungsgrad‹ des wirtschaftlichen Mittelstandes von 53 %. Mehr als jeder zweite Angehörige des wirtschaftlichen Mittelstandes war also Träger einer Genossenschaftsbank und wurde von ihr betreut (vgl. Abbildung 13).

1.3. *Zusammenfassung: Wirtschaftlicher Mittelstand und Genossenschaftsbanken*

Genossenschaftliche Bankpolitik steht in enger Beziehung zum wirtschaftlichen Mittelstand. Von ihm wird sie getragen und für ihn wird sie betrieben. Aufgrund dessen waren wir im vorangegangenen Buch auf den Mittelstand eingegangen. Wir hatten gefragt: ›Was ist der Mittelstand?‹ und gesehen, daß er ein Sammelbegriff ist für Menschengruppen, die ähnliche Merkmale hinsichtlich beruflicher Tätigkeit, Bildung und Einkommen aufweisen oder sich aufgrund bestimmter Verhaltensweisen und Wertvorstellungen der Mitte im sozialen Aufbau der Bundesrepublik zugehörig fühlen.

Abbildung 13
Arbeitnehmer, Freiberufler und Unternehmer als Träger der Genossenschafts-
banken im Vergleich zum gesamten wirtschaftlichen Mittelstand 1976

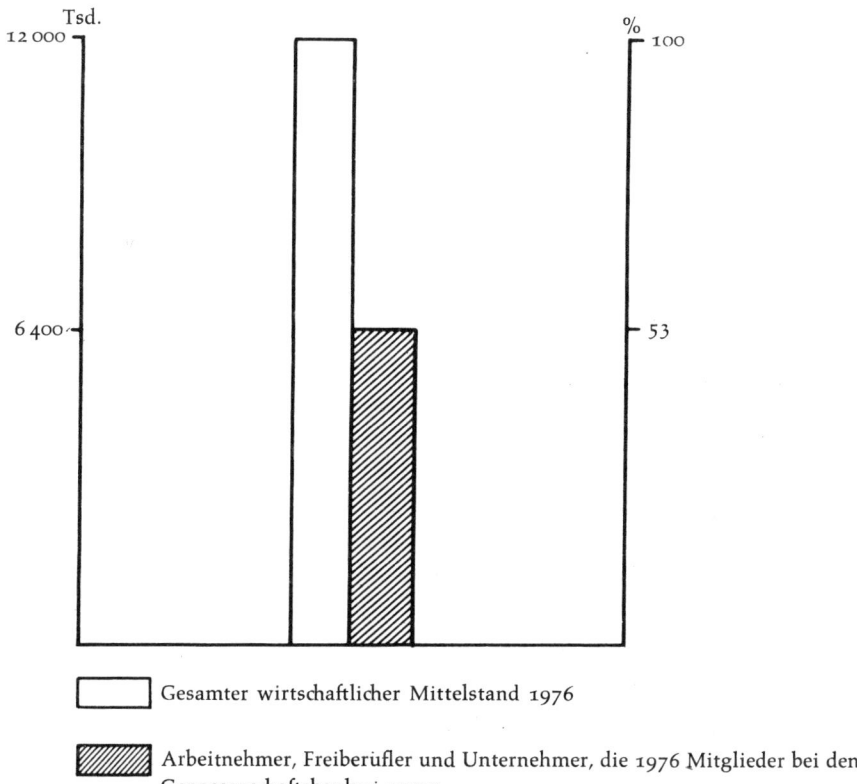

☐ Gesamter wirtschaftlicher Mittelstand 1976

▨ Arbeitnehmer, Freiberufler und Unternehmer, die 1976 Mitglieder bei den
Genossenschaftsbanken waren

Dies stellte aber letzten Endes keine befriedigende Antwort auf unsere Frage
dar. Sie war zu wenig exakt und deshalb auch für unsere an praktischen Proble-
men orientierten Zwecke kaum brauchbar. Nun läßt sich jedoch sagen, daß die
unter dem Begriff ›Mittelstand‹ zusammengefaßten Menschen und Menschengruppen am Wirtschaftsleben teilnehmen. Von daher leiteten wir deshalb einen
ökonomischen Mittelstandsbegriff her, der
— Arbeitnehmer-Mittelstand,
— Freiberufler-Mittelstand und
— Unternehmer-Mittelstand
unterscheidet. Dies sind drei Mittelstandsgruppen, die in sich homogener sind
als der Mittelstand insgesamt, denen aber allen eine gehobene berufliche Tätigkeit, ein gehobener Zuschnitt der Lebensführung und das Gefühl, zum Mittelstand zu gehören, gemeinsam ist.

45

Um nun mit diesen Mittelstandsbegriffen praktisch arbeiten zu können, hatten wir sie anhand quantitativer Merkmale größenmäßig fixiert. Diesen Berechnungen haftet, das soll nicht bestritten werden, eine gewisse Ungenauigkeit an. Jedoch wurden sie vor dem Hintergrund und auf der Grundlage unserer Erkenntnisse über die qualitativen Merkmale des Mittelstandes vorgenommen. In Ermangelung einer amtlichen Mittelstandsstatistik haben wir diesen Weg beschritten, um für die praktische Arbeit der Genossenschaftsbanken eine konkrete Aussage über den Mittelstand machen zu können.

Es zeigte sich als Ergebnis, daß der Mittelstand einen erheblichen Anteil an Wirtschaft und Bevölkerung hat. Die Hälfte aller erwerbstätigen Menschen in der Bundesrepublik ist aufgrund ihrer gehobenen beruflichen Tätigkeit, ihres gehobenen Zuschnitts der Lebensführung und eigener Selbstzurechnung Mittelständler. In der Wirtschaft wird rund die Hälfte des Bruttosozialproduktes von mittelständischen Unternehmen erstellt. Das unterstreicht, welche hervorragende Bedeutung für unser Wirtschaftsleben dem Mittelstand zukommt.

Die kreditwirtschaftliche Betreuung des Mittelstandes erfolgt — nicht allein, aber doch in entscheidender Weise — durch die Genossenschaftsbanken. In welchem Maße dies der Fall ist, läßt sich nicht ohne weiteres aus einer Mittelstandsstatistik ablesen. Man erhält jedoch einen Eindruck von der engen Verbindung des Mittelstandes mit den Genossenschaftsbanken, wenn man sich die Mitgliederstrukturen der örtlichen Genossenschaftsbanken ansieht. Hier zeigt sich, wie deutlich die Genossenschaftsbanken vom wirtschaftlichen Mittelstand getragen werden und wie groß der Anteil des wirtschaftlichen Mittelstandes ist, der von den Genossenschaftsbanken betreut wird. Unsere Berechnungen führten zu dem Ergebnis, daß im Jahre 1976 knapp 80 % der Träger der Genossenschaftsbanken aus dem wirtschaftlichen Mittelstand kamen und gut 50 % des wirtschaftlichen Mittelstandes von den Genossenschaftsbanken betreut wurden. Hinzu kommt, daß mittelständische Kunden, die noch nicht Mitglieder sind, den betreuten Mittelstandsteil noch erheblich erhöhen.

2. Zur Bedeutung der Genossenschaftsbanken

Im Wirtschaftsleben der Bundesrepublik Deutschland nehmen die Genossenschaftsbanken einen bedeutenden Platz ein. Das ist nicht nur deswegen der Fall, weil sie in maßgeblicher Weise der finanziellen Betreuung des arbeitnehmenden, freiberuflichen und unternehmerischen Mittelstandes dienen. Auch ihre geschichtliche Entwicklung und ihre Rolle in der Vergangenheit sowie ihre aktuellen staatstragenden Grundsätze begründen diese Bedeutung. Vor allem aber sind die Genossenschaftsbanken einer der Pfeiler unseres Universalbankensystems sowie die geldwirtschaftliche Klammer und der mitgliederstärkste Zweig des Genossenschaftswesens.

2.1. Entstehung der Genossenschaftsbanken

Die Anfänge genossenschaftlicher Zusammenschlüsse lassen sich — nach ersten Vorläufern im Altertum — bis auf die germanischen Stämme zurückführen. »Keinem anderen Volke in dem Zuge nach Universalität und in der Fähigkeit zu staatlicher Organisation nachstehend, die meisten an Liebe der Freiheit übertreffend, haben die Germanen eine Gabe vor allen Völkern voraus, durch welche sie der Freiheitsidee einen besonderen Gehalt und der Einheitsidee eine festere Grundlage verliehen haben, — die Gabe der Genossenschaftsbildung.«[6]
Die organisatorische Form, in der sich die Genossenschaftsbildung bei den Germanen vollzog, war der Sippenverband. Dieser beruhte nicht auf freiwilliger Übereinkunft, sondern wurzelte in der blutsmäßigen Verbundenheit der Geschlechtsgenossen. Oberster Machtträger dieser familienrechtlichen Zwangsverbände, die den Boden gemeinschaftlich kultivierten und nutzten, war der Sippenälteste, dem die unumschränkte Gewalt über Leben und Eigentum der Familienmitglieder zustand. Die rechtlichen Möglichkeiten, das wirtschaftliche Handeln und die soziale Entwicklung des einzelnen waren nur innerhalb der von dieser patriarchalischen Ordnung gesetzten Schranken möglich; die Zugehörigkeit zur Sippe war Voraussetzung für seine Teilnahme am Wirtschafts- und Rechtsleben.[7]
Als die blutsmäßigen Bindungen zurücktraten und die Sippenverbände sich allmählich auflösten, entstand unter anderem mit der Markgenossenschaft eine andere Frühform gemeinschaftlichen Wirtschaftens. Ihre Mitglieder verfügten

---

6 Otto von Gierke, Das deutsche Genossenschaftsrecht, 1. Bd., Neudruck Graz 1954, S. 3.
7 Vgl. Helmut Faust, Geschichte der Genossenschaftsbewegung, 3. Aufl., Frankfurt am Main 1977, S. 20 f. und Heinz Paulick, Das Recht der eingetragenen Genossenschaft, Karlsruhe 1956, S. 15 f.

in der Regel über die Äcker als individuelles Eigentum, deren Bewirtschaftung jedoch infolge des Flurzwanges starken Bindungen unterlag. Die bei den germanischen Sippenverbänden generell betriebene gemeinschaftliche Nutzung des Bodens erstreckte sich bei den Markgenossenschaften nur noch auf die Wälder, Weiden, Wasser und Wege, die sogenannte Allmende. Über dieses markgenossenschaftliche Gemeinland konnte nur die Gesamtheit der Markgenossen verfügen. Dieses System verschwand erst mit der Aufhebung des Flurzwanges zu Beginn des 19. Jahrhunderts. »Das bis dahin genossenschaftlich verwaltete und genutzte Allmendland wurde von den Nutzungsrechten der Genossen befreit und in freies Gemeindevermögen oder in freies Eigentum der Genossen überführt.«[8]

Genossenschaftsähnliche Zusammenschlüsse bildeten sich auch in den mittelalterlichen Städten, und zwar unabhängig von den bisher behandelten bäuerlichen Gemeinschaftsformen. Es handelte sich dabei einmal um die Gilden des Handels, zum anderen um die Zünfte des Handwerks. Sie verbanden ihre Angehörigen nicht nur zu wirtschaftlichen Zwecken, sondern erfaßten sie in fast allen menschlichen Beziehungen, politisch, militärisch, gesellschaftlich, sittlich und religiös.[9] Auch die Zünfte und Gilden lösten sich zu Anfang des 19. Jahrhunderts auf, als derart umfassende Gemeinschaftsformen den neuen liberalen Ordnungsvorstellungen diametral entgegenstanden.

So hat keine der Frühformen genossenschaftlicher Zusammenarbeit die Epoche der Liberalisierung lange erlebt. Aufhebung des Flurzwanges, Ende des Zunftzwanges, Einführung der Gewerbefreiheit — dies alles vertrug sich nicht mit den festgefügten Gemeinschaftsformen, die vorher in der Landwirtschaft, im Handel und im Handwerk bestanden hatten. Aber es war gerade der Liberalismus, der zur Gründung der modernen Genossenschaften führte.

Der Liberalismus war eine Geisteshaltung, deren Grundgedanke auf der Freiheit der Persönlichkeit beruhte. Alle Menschen sollten frei und selbständig sein, ihre persönliche Entwicklung nur von ihren eigenen Entscheidungen bestimmt werden. Indem jeder auf seinen Vorteil bedacht ist, so bestand die Vorstellung, dient er nicht nur sich selbst, sondern auch dem Gemeinwohl. Ein unbeschränkter Wettbewerb, später als ›Manchestertum‹ bezeichnet, setzte ein und bildete den Motor für die Entstehung des modernen Kapitalismus.[10]

Diese Wirtschaftsform zeigte bald deutliche Schattenseiten. Der Glaube, »durch die Freiheit aller werde nicht nur die Persönlichkeit zur vollen Entfaltung gebracht, sondern zugleich die Harmonie allen wirtschaftlichen und gesellschaft-

8 Paulick, a. a. O., S. 18.
9 Vgl. Faust, Geschichte der Genossenschaftsbewegung, a. a. O., S. 27.
10 Vgl. Werner Sombart, Der moderne Kapitalismus, 3. Bd., 1. Halbbd., Berlin 1955 und Alfred Müller-Armack, Entwicklungsgesetze des Kapitalismus, Berlin 1931.

lichen Geschehens herbeigeführt«,[11] erwies sich als Irrglaube. Nur eine Minderheit profitierte von der Entfesselung der individuellen Kräfte. Reichtum der wenigen kapitalistischen Unternehmer standen Armut, Unsicherheit und Gefährdung weiter Teile der Bevölkerung gegenüber — vor allem der Massen besitzloser Arbeiter, aber auch zahlreicher Handwerker und Bauern.

Aus diesen Fehlentwicklungen des Liberalismus heraus kam es um die Mitte des 19. Jahrhunderts zur Entstehung der modernen Genossenschaftsbewegung, die mit den Namen HERMANN SCHULZE-DELITZSCH (1808—1883) und FRIEDRICH WILHELM RAIFFEISEN (1818—1888) verbunden ist. Sie hatte zum Ziel, den in Bedrängnis geratenen Menschen wieder eine feste wirtschaftliche und soziale Grundlage zu verschaffen. Genossenschaften sollten es insbesondere den kleinen selbständigen Existenzen, dem damaligen Mittelstand, ermöglichen, sich den veränderten Verhältnissen, die als Folge von Liberalismus und Industrialisierung eingetreten waren, anzupassen.

Die moderne Genossenschaftsbewegung war also nicht gegen den Liberalismus gerichtet, sondern sie versuchte vielmehr, seine negativen Auswirkungen zu beseitigen. Sie ruhte durchaus auf liberalem Ideengut, zu dem aber christliche, humanistische und soziale Überzeugungen hinzutraten. Kennzeichnend für die Genossenschaften war, daß sie den Egoismus und die Selbstsucht des Liberalismus ablehnten, ohne den Gemeinschaftsgedanken in seiner sozialistischen Ausformung durchzuführen. »So gesehen, stellt die Genossenschaft eine verbindende Einheit dar zwischen dem Individualgedanken und dem Sozialgedanken, eine lebendige Übereinstimmung von Freiheit und Gebundenheit.«[12]

Der genossenschaftspolitische Ansatz von SCHULZE-DELITZSCH und RAIFFEISEN war in zwei entscheidenden Punkten völlig verschieden von dem der historischen Vorläuferorganisationen. Zum einen basierten die Genossenschaften beider Gründerpersönlichkeiten auf dem Prinzip der absoluten Freiwilligkeit des Ein- und Austritts und waren insofern mit den Zwangsverbänden der Frühzeit nicht mehr vergleichbar. Zum anderen waren die Genossenschaften, die SCHULZE-DELITZSCH und RAIFFEISEN schufen, Hilfs- und Ergänzungsgenossenschaften, auf die die Mitglieder die Wahrnahme bestimmter betrieblicher oder späterhin haushaltswirtschaftlicher Teilfunktionen übertrugen, ohne daß diese die gesamte Wirtschaftsführung oder gar andere Lebensbereiche der Mitglieder bestimmt hätten.

»Dieser Totalitätsgedanke, dieser Anspruch auf Erfassung des gesamten Lebensbereiches der Genossen fehlen den modernen Erwerbs- und Wirtschaftsgenos-

---

11 Faust, Geschichte der Genossenschaftsbewegung, a. a. O., S. 33.
12 Faust, Geschichte der Genossenschaftsbewegung, a. a. O., S. 37. Vgl. auch Georg Weippert, Jenseits von Individualismus und Kollektivismus, Düsseldorf 1964.

senschaften. Ihr Zweck erstreckt sich jeweils nur auf die Erreichung der engbegrenzten wirtschaftlichen Ziele, die durch den in der Satzung genau umschriebenen Gegenstand des Unternehmens bestimmt werden; sie erfassen nur einen kleinen Teilbereich, nur einen Ausschnitt der im übrigen selbständigen und selbständig bleibenden Einzelwirtschaften der Mitglieder. Hierin liegt der fundamentale Unterschied zwischen der heutigen Genossenschaft und ihren historischen Vorbildern.«[13]

Um den Weg der Umsetzung der genossenschaftlichen Idee in konkrete genossenschaftliche Arbeit führte SCHULZE-DELITZSCH eine Kontroverse von grundlegender Bedeutung mit FERDINAND LASSALLE. SCHULZE-DELITZSCH und mit ihm RAIFFEISEN appellierten an die schöpferische Kraft des Volkes. Sie bauten auf die Selbsthilfe und die individuelle Entscheidungsfreiheit. Insbesondere SCHULZE-DELITZSCH betonte immer wieder, daß die Staatshilfe untrennbar verbunden sei mit der Staatseinmischung. Diese lehnte er ab. Eben sie hielt aber LASSALLE für richtig und notwendig. Er forderte den Staat auf, im Wege einheitlicher Organisation von oben nach unten genossenschaftliche Zusammenschlüsse herbeizuführen. Sein genossenschaftliches System verlangte die Verwirklichung mit Staatshilfe. Wie erkennbar ist, ging dieser Streit zwischen SCHULZE-DELITZSCH und LASSALLE zugunsten der freien Selbsthilfe aus.

Die ökonomische Schwächelage der Handwerker, Kleinindustriellen und Kleinbauern im 19. Jahrhundert wirkte sich vor allem bei der Kreditbeschaffung aus. Der bestehende Bankenapparat einschließlich der Sparkassen war in keiner Weise darauf ausgerichtet, die bankwirtschaftlichen Bedürfnisse des Mittelstandes zu befriedigen.[14] Angesichts der Änderungen in der wirtschaftlichen Umwelt war aber gerade der Bedarf an Mittelstandskrediten besonders ausgeprägt, wenn beispielsweise das Handwerk der Herausforderung durch die Industrialisierung mit der Chance auf eine Behauptung der Selbständigkeit begegnen wollte. Da institutionelle Kreditgeber nicht vorhanden waren, mußten hier häufig die Wucherzinsen privater Geldverleiher gezahlt werden. In den Büchern von SCHULZE-DELITZSCH und RAIFFEISEN finden sich vielfache Hinweise auf Wucherzinsen, deren Höhe in Ausnahmefällen 100, 200, ja 730 % erreichte.[15]

Es war daher zwingend notwendig, einen Ausweg zu suchen. Die ersten von SCHULZE-DELITZSCH im Jahre 1849 geschaffenen Genossenschaften (das Wort ›Genossenschaft‹ kam erst wieder etwa ab 1858 auf) waren ›Rohstoffassoziatio-

---

13 Paulick, a. a. O., S. 21.
14 Vgl. Karl Friedrich Hagenmüller, Der Bankbetrieb, Bd. I, 4. Aufl., Wiebaden 1976, S. 109 f.
15 Vgl. Hermann Schulze-Delitzsch, Vorschuß- und Kreditvereine als Volksbanken, Leipzig 1859, S. 36, Friedrich Wilhelm Raiffeisen, Die Darlehnskassen-Vereine als Mittel zur Abhilfe der Noth der ländlichen Bevölkerung, sowie auch der städtischen Handwerker und Arbeiter. Praktische Anleitung zur Bildung solcher Vereine, gestützt auf sechzehnjährige Erfahrung, als Gründer derselben, Neuwied 1866, S. 2, und Verein für Socialpolitik, Bd. 35, Der Wucher auf dem Lande, Leipzig 1887, S. 25 f.

nen für Tischler und Schuhmacher‹. 1850 gründete er aber bereits den ersten ›Vorschußverein‹, den Vorläufer der heutigen Volksbanken. Der vierzehnköpfige Vorstand und Ausschuß des Delitzschschen Vorschußvereins, der aus den Mitgliedern gebildet wurde, bestand im Jahre 1853 außer SCHULZE-DELITZSCH selbst unter anderem aus zwei Schuhmachermeistern, je einem Schlosser-, Töpfer-, Tischler- und Schneidermeister, einem Strumpfwirker, einem Kürschner und einem Buchbinder.[16]

RAIFFEISEN wirkte als Bürgermeister im ländlichen Raum. Ihm ging es daher vor allem um die wirtschaftliche Förderung der Landwirte, vornehmlich durch die ab 1862 geschaffenen ›Darlehnskassen-Vereine‹, die Vorläufer der heutigen Raiffeisenbanken. Aber die Zielgruppe seiner Genossenschaftsarbeit war weitergespannt. Wie der Titel seines Hauptwerkes[17] beweist, sollten die Darlehnskassen-Vereine auch den städtischen Handwerkern und Arbeitern helfen.

Bis in unsere Zeit hinein haben die Genossenschaftsbanken ihre große Bedeutung für die deutsche Wirtschaft stets unter Beweis gestellt. In besonderer Weise war dies während der Wiederaufbaujahre nach 1945 der Fall. Die Genossenschaftsbanken trugen wesentlich dazu bei, daß das ›Wirtschaftswunder‹ möglich werden konnte.

Aber auch für die gemeinsame Entwicklung der deutschen Genossenschaften in jüngster Zeit haben gerade die Genossenschaftsbanken eine bedeutende Rolle gespielt. Die sich immer ähnlicher werdende Mitgliederstruktur der Volksbanken und der Raiffeisenbanken führte seit den sechziger Jahren dazu, daß diese Banken mehr und mehr das gemeinsam verpflichtende Ziel sahen. Im Rahmen der Zusammenführung der gewerblichen und der ländlichen Genossenschaftsorganisation wurde deshalb mit dem Beginn des Jahres 1972 eine gemeinsame kreditgenossenschaftliche Verbandsorganisation geschaffen. Durch diese Vorgänge sind die Weichen für ein erfolgreiches Bestehen der Genossenschaftsbanken im Wettbewerb gestellt und ihre Stellung als dritter Pfeiler im deutschen Universalbankensystem gestärkt worden.

So haben die Genossenschaftsbanken — ebenso wie die übrigen Genossenschaften — für Staat und Wirtschaft in Deutschland in mancherlei Hinsicht große Bedeutung erlangt. Sie wiesen einen Mittelweg zwischen Kapitalismus und Sozialismus, zwischen Individualismus und Kollektivismus. Mit ihnen wurden Institutionen geschaffen, in denen Freiheit und Bindung, die Gegensätze oder doch Spannungspole aller menschlichen Gemeinschaft,[18] einen inneren Ausgleich fin-

---

16 Vgl. Otto Ruhmer, Entstehungsgeschichte des deutschen Genossenschaftswesens, Hamburg 1937, Text zum Foto nach S. 160.
17 Vgl. Raiffeisen, Die Darlehnskassen-Vereine, a. a. O.
18 Vgl. Harry Westermann, Rechtsprobleme der Genossenschaften, Karlsruhe 1969, S. 1.

den. Weiten Kreisen der Bevölkerung haben die Genossenschaftsbanken bei der Überwindung ökonomischer Schwierigkeiten geholfen und ihren wirtschaftlichen Aufstieg ermöglicht. Mit ihrer Hilfe wurde der Mittelstand wieder das, was er außer während des 19. Jahrhunderts immer gewesen war — eine bestimmende, gestaltende Kraft. THEODOR HEUSS stellte schon 1948 fest: »SCHULZE-DELITZSCHS Leistung ist eingegangen in die Rettung, Festigung, Erneuerung eines breiten mittelständischen Selbstbewußtseins, und das ist gewiß nichts Geringes.«[19] Mit Nachdruck kann dies heute, und natürlich auch auf RAIFFEISEN bezogen, bekräftigt werden.

2.2. Strukturprinzipien der Genossenschaftsbanken

Die Bedeutung der Genossenschaftsbanken geht über die historische Dimension hinaus und reicht in die Gegenwart und Zukunft. Denn die Genossenschaftsbanken wirken, ebenso wie die übrigen Genossenschaften, auf der Grundlage von Prinzipien, die für sie selbst wesentliche Merkmale ihres Selbstverständnisses darstellen, die gleichzeitig jedoch auch »die wichtigsten Säulen einer aktiven Gesellschaft (sind), bei der das Individuum im Vordergrund steht und nicht das Kollektiv«.[20] Diese Prinzipien sind die Selbsthilfe, die Selbstverantwortung und die Selbstverwaltung.

2.2.1. Selbsthilfe

»Jede Genossenschaft beruht auf dem Gedanken der Selbsthilfe. Durch die Tätigkeit der Genossenschaft soll die Eigenwirtschaft der Mitglieder gefördert werden. Die Lösung dieser Aufgabe geschieht aus eigener Kraft derer, denen die Förderung zugute kommen soll.«[21] Selbsthilfe, wie sie durch die Genossenschaften praktiziert wird, ist also organisierte Selbsthilfe. Sie zielt auf eine höhere Wirksamkeit, als sie durch absolut individuelle Selbsthilfe möglich wäre, lehnt aber staatliche Hilfe grundsätzlich ab.[22] Aus diesem Gedanken genossenschaftlicher Selbsthilfe heraus entstanden die ersten Genossenschaftsbanken. Das Prinzip der in Kreditgenossenschaften organisierten Selbsthilfe war die

---

19 Theodor Heuss, Schulze-Delitzsch, Leistung und Vermächtnis, Tübingen 1956, S. 17.
20 Eduard Mändle, Zur gesellschaftspolitischen Bedeutung des Genossenschaftswesens, in: Genossenschafts-Forum, H. 10 (1977), S. 15.
21 Paulick, a. a. O., S. 5.
22 Als Starthilfe hielt RAIFFEISEN, im Gegensatz zu SCHULZE-DELITZSCH, die staatliche Hilfe allerdings für notwendig.

systemkonforme Antwort auf die geld- und kreditwirtschaftlichen Probleme, die die mittelständischen Bevölkerungsschichten im 19. Jahrhundert zu lösen hatten.

2.2.2. Selbstverantwortung

Von Anbeginn an wurde die Selbsthilfe in Zusammenhang gebracht mit Selbstverantwortung und Selbstverwaltung.[23] Selbstverantwortung heißt in der genossenschaftlichen Wirtschaft, daß die wirtschaftlich Handelnden das Risiko für ihr Tun und Lassen nicht auf den Staat abwälzen, sondern es selbst tragen. Genossenschaftliche Selbstverantwortung bedeutet aber auch Mitverantwortung. Einer steht für den anderen ein. Die persönliche Mitverantwortung findet ihren Niederschlag in den gesetzlichen Vorschriften über die Haftung. Während es in den Anfängen nur die unbeschränkte Haftpflicht gab, wurde mit dem Genossenschaftsgesetz von 1889 auch die beschränkte Haftpflicht zugelassen. Nach der Genossenschaftsgesetznovelle von 1974 haftet für die Verbindlichkeiten der Genossenschaftsbank das Vermögen der Genossenschaftsbank (§ 2 GenG). Darüber hinaus muß die Satzung jeder Genossenschaftsbank Bestimmungen darüber enthalten, in welcher Weise für die Mitglieder eine Nachschußpflicht besteht (§ 6 GenG). Praktisch existiert eine beschränkte Nachschußpflicht. Sie ist es, aufgrund derer den Genossenschaftsbanken bei der Berechnung des haftenden Eigenkapitals ein ›Haftsummenzuschlag‹ zugestanden wird. Der Haftsummenzuschlag ist aus der besonderen Unternehmensstruktur der Genossenschaftsbanken für diese unverzichtbar, weil dadurch die persönliche Mitverantwortung ihrer Mitglieder berücksichtigt wird.[24]

2.2.3. Selbstverwaltung

Genossenschaftliche Selbstverantwortung ist der Garant für genossenschaftliche Selbstverwaltung. Genossenschaften lassen sich nicht durch den Staat oder Außenstehende verwalten, sondern verwalten sich selbst. Die Generalversammlung bildet folgerichtig das oberste Beschluß- und Kontrollorgan in der Genossenschaft. In ihr können die Mitglieder durch Mehrheitsbeschluß grundlegende Fragen der Genossenschaft entscheiden. Dies gilt zum Beispiel für die Beschlußfassung über den Jahresabschluß, die Verteilung von Gewinn oder Verlust, Satzungsänderungen, Wahlen und Amtsenthebungen, die Beschlußfassung über die Regelung des Stimmrechts und für die Verschmelzung oder Auflösung

---

23 Vgl. Faust, Geschichte der Genossenschaftsbewegung, a. a. O., S. 59.
24 Vgl. hierzu ergänzend die Ausführungen zu der Sicherungseinrichtung der Genossenschaftsbanken auf S. 125.

der Genossenschaft. Dabei hat jedes Mitglied unabhängig von der Höhe seines Kapitalanteils prinzipiell nur eine Stimme (ein Mann — eine Stimme). Der Grundsatz der Selbstverwaltung kommt ferner darin zum Ausdruck, daß nach § 9 Absatz 2 GenG die Mitglieder des Vorstandes und des Aufsichtsrates Mitglieder der Genossenschaft sein müssen. Schließlich ist auch »die wesentlichste Kontrolle im Genossenschaftsrecht, nämlich die Prüfung, eine Einrichtung der genossenschaftlichen Selbstverwaltung«.[25]

2.2.4. Zusammenfassung

Zusammenfassend läßt sich mit SCHULZE-DELITZSCH sagen: »Die Genossenschaft ist diejenige Vereinsform, die der persönlichen Freiheit den meisten Spielraum läßt. In der Genossenschaft gilt das Vollwort aller Mitglieder. Wir fragen nicht nach dem Geschäftsanteil, Reiche und Arme haben jeder gleiche Stimme bei den Sitzungen, in der Verwaltung, in der Kontrolle; aber die Genossenschaft absorbiert den einzelnen nicht, wie andere Vereinsformen, sie ist vielmehr die Stütze des einzelnen. In der Gegenseitigkeit aber findet sie die Gewähr der Selbständigkeit, und die Krönung des ganzen ist die Einführung der unbedingten Verantwortlichkeit der einzelnen für die Gesamtgebarung der Genossenschaft. In der Solidarhaft muß der einzelne die Antriebe finden, um sich zu verständigen darüber, was vorgeht im Kreise der Genossen, er muß einstehen für das Schlußresultat, er muß mitkontrollieren, muß sich das Verständnis erwerben für die Ziele der Genossenschaft.«[26]
Mit ihren Prinzipien der Selbsthilfe, Selbstverantwortung und Selbstverwaltung verwirklichen die Genossenschaftsbanken und die übrigen Genossenschaften staatstragende Grundsätze. Dies und ihre demokratische Struktur sichern ihnen die Unterstützung des Staates zu. Deshalb ist die Förderung des Genossenschaftswesens Bestandteil zahlreicher Landesverfassungen.[27]
Die Genossenschaftsbanken tragen nicht zuletzt dazu bei, daß die wirtschaftliche Selbständigkeit des Mittelstandes und damit »eine Vielzahl von unterschiedlich denkenden und handelnden Menschen erhalten bleibt, die nicht nur im ökonomischen, sondern auch im politischen Sektor ein hohes Maß an Eigeninitiative entwickeln«.[28] Dies hat weitreichende Bedeutung, denn »unser Wirtschaftssystem ist darauf ausgerichtet, daß möglichst viele einzelne Wirt-

---

25 Westermann, a. a. O., S. 14.
26 Hermann Schulze-Delitzsch, Freiheit, Selbstregierung und Verantwortung, in: 100 Jahre Genossenschaftsbewegung, 100 Jahre Volksbanken. 1850–1950. Österreichischer Genossenschaftsverband und Österreichische Zentralgenossenschaftskasse rGmbH (Hrsg.), Wien 1950, S. 82.
27 Vgl. Friedrich Klein, Genossenschaftswesen und staatliches Verfassungsrecht, Karlsruhe 1958, S. 7.
28 Mändle, a. a. O., S. 15.

schaftsbürger möglichst viel Spielraum haben, selbständig Entscheidungen zu treffen«.[29] Nur so ergibt sich letztlich wirtschaftliches Wachstum, nicht jedoch aus einer speziellen Zielsetzung des Systems heraus.

2.3. Die Genossenschaftsbanken als Teil der genossenschaftlichen Wirtschaft[30]

Die Genossenschaftsbanken sind der größte Zweig der deutschen Genossenschaftswirtschaft. Sie machen rund 40 % aller Genossenschaften aus und vereinigen gut 60 % aller Genossenschaftsmitglieder auf sich. Inmitten der Vielfalt verschiedener Arten von Genossenschaften stellen sie gleichsam die geldwirtschaftliche Klammer der Genossenschaftswirtschaft dar. Das begründet ihre Bedeutung für das deutsche Genossenschaftswesen und die deutsche Wirtschaft.

Die 13 000 Genossenschaften in der Bundesrepublik Deutschland hatten Ende 1977 rund 13 Millionen Mitglieder — gut doppelt soviel wie 25 Jahre vorher. Auch unter Berücksichtigung von Mehrfachmitgliedschaften kann man davon ausgehen, daß jeder vierte erwachsene Einwohner der Bundesrepublik Mitglied in mindestens einer Genossenschaft ist. Das Eigenkapital dieser Genossenschaften belief sich zum gleichen Zeitpunkt auf etwa 20 Mrd. DM, von denen rund 7 Mrd. DM als Geschäftsguthaben aufgebracht wurden. Die Marktanteile der Genossenschaften auf ihren jeweiligen Aktionsfeldern sind beachtlich.

2.3.1. Genossenschaftsbanken

Zu den Genossenschaftsbanken zählen auf der Ortsebene die Volksbanken, die Raiffeisenbanken, die Eisenbahn-Spar- und Darlehnskassen (SPARDA-Banken), die Post-Spar- und Darlehnsvereine, die Beamtenbanken und die genossenschaftlichen Teilzahlungsbanken. Ende 1977 gab es 4 806 Genossenschaftsbanken (davon 3 064 mit Warenverkehr), denen rund 14 600 Zweigstellen angeschlossen waren (vgl. Tabelle 15). Damit gehörte nahezu jede zweite Bankstelle in der Bundesrepublik zum genossenschaftlichen Sektor. Verbandsmäßig organisiert sind die örtlichen Genossenschaftsbanken über die regionalen

---

29 Hans Friderichs, Bundesminister für Wirtschaft, Rede vor dem Deutschen Bundestag zur Einbringung des Jahreswirtschaftsberichts 1977 der Bundesregierung, in: Bulletin des Presse- und Informationsamts der Bundesregierung, Nr. 31 (1977), S. 290.

30 Vgl. hierzu die turnusmäßigen Veröffentlichungen der DG BANK Deutsche Genossenschaftsbank unter dem Titel ›Die Genossenschaften in der Bundesrepublik Deutschland‹. In dieser Veröffentlichungsreihe wird zur Zeit alle zwei Jahre über die Entwicklung der Genossenschaften in der Bundesrepublik Deutschland berichtet. Der statistische Teil hieraus erscheint seit 1978 in jährlicher Folge.

Tabelle 15

Örtliche Genossenschaftsbanken und ihre Zweigstellen 1960 bis 1977

	1960	1965	1970	1975	1977
Genossen-schaftsbanken	11 642	10 267	7 059	5 196	4 806
Zweigstellen	3 601	6 342	11 280	14 004	14 567
Bankstellen insgesamt	*15 243*	*16 609*	*18 339*	*19 200*	*19 373*

Quelle: Deutsche Bundesbank.

Genossenschaftsverbände und zwei Fachprüfungsverbände im BVR, dem Bundesverband der Deutschen Volksbanken und Raiffeisenbanken e. V., Bonn (vgl. Übersicht 1).

Zur Unterstützung der örtlichen Genossenschaftsbanken mit speziellen Dienstleistungen und für den Liquiditätsausgleich zwischen ihnen sind auf regionaler Ebene die genossenschaftlichen Zentralbanken tätig. Ende 1977 gab es zehn Zentralbanken mit insgesamt 71 Zweigstellen.

Nationales Spitzeninstitut der Genossenschaftsbanken ist die DG BANK Deutsche Genossenschaftsbank, Frankfurt am Main. Sie dient vor allem als Liquiditätsspeicher- und Liquiditätsausgleichsstelle der regionalen genossenschaftlichen Zentralbanken. Darüber hinaus vertritt sie die örtlichen Genossenschaftsbanken und ihre Zentralbanken auf den nationalen und internationalen Finanzmärkten. Auch sie versorgt die Genossenschaftsbanken mit einer Vielzahl spezieller Dienstleistungen, die diese ihren Mitgliedern und Kunden zur Verfügung stellen wollen.

Örtliche Genossenschaftsbanken, regionale Zentralbanken und DG BANK stellen den dreistufigen Aufbau des Verbundes der Genossenschaftsbanken dar. Zu diesem Verbund zählt darüber hinaus eine Reihe weiterer Finanzierungsinstitute, die eng mit den Genossenschaftsbanken und deren Zentralbanken zusammenarbeiten. Aufgrund ihres sachlichen und räumlichen Betätigungsfeldes entziehen sie sich einer eindeutigen Zuordnung zu einer der drei Ebenen des genossenschaftlichen Bankenverbundes.

Verbundinstitute sind vor allem

— die DG HYP Deutsche Genossenschafts-Hypothekenbank AG, Berlin/Hamburg,

— die Münchener Hypothekenbank eG, München, und

— die Bausparkasse Schwäbisch Hall AG, Schwäbisch Hall, die den Genossenschaftsbanken das Angebot langfristiger Finanzierungen, insbesondere für den privaten Wohnungsbau, ermöglichen,

— die R + V Versicherungsgruppe, Wiesbaden, die als Kapitalsammelstelle ebenfalls den Kunden der Genossenschaftsbanken langfristiges Kapital zur Verfügung stellt und darüber hinaus den Genossenschaftsbanken eine Ergänzung ihrer Angebotspalette mit Versicherungsleistungen ermöglicht, sowie
— die Union-Investment-Gesellschaft, Frankfurt am Main, die über die Genossenschaftsbanken deren Mitgliedern und Kunden den Erwerb von Anteilen an Wertpapierfonds anbietet (vgl. Übersicht 2).
In den Jahren seit 1960 hat die Zahl der örtlichen Genossenschaftsbanken deutlich abgenommen. Dies hängt damit zusammen, daß viele kleinere von ihnen fusionierten, um zu leistungsfähigeren Unternehmenseinheiten zu gelangen. Wie Tabelle 15 zeigt, war die ›Fusionswelle‹ zwischen 1965 und 1975 am stärksten; in diesem Zeitraum halbierte sich die Zahl der Genossenschaftsbanken von 10 267 auf 5 196. Gleichzeitig stieg aber die Zahl der Zweigstellen, vor allem dadurch, daß ehemals selbständige Genossenschaftsbanken bei Fusionen zu Zweigstellen wurden. Die Ertragskraft der örtlichen Genossenschaftsbanken und die bankwirtschaftliche Versorgung der mittelständischen Bevölkerung haben sich aufgrund dieser Vorgänge deutlich verbessert.
Ein Abbild der gestiegenen Leistungskraft ist auch die Mitgliederentwicklung in den Genossenschaftsbanken. Knapp 4 Millionen Mitgliedern Ende 1960 stan-

Übersicht 1
Genossenschaftsbanken der Ortsebene, ihre Träger und ihre Verbände 1977

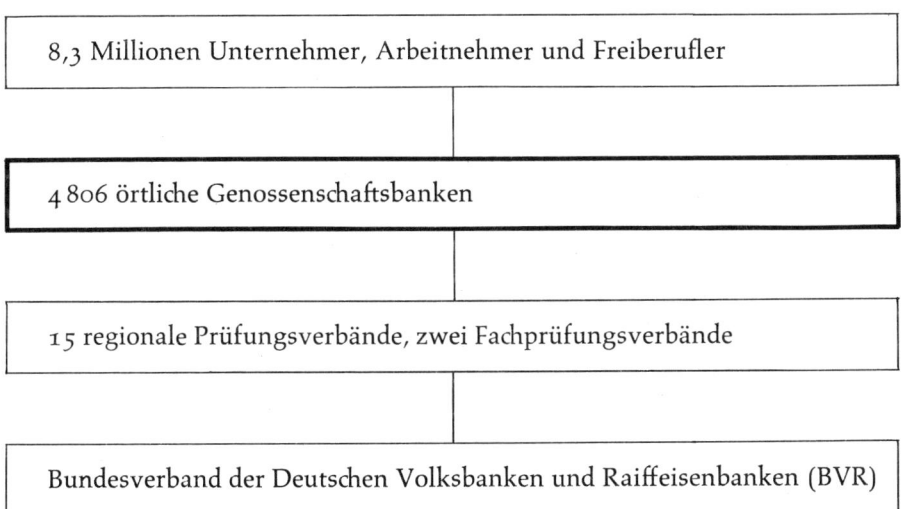

8,3 Millionen Unternehmer, Arbeitnehmer und Freiberufler

4 806 örtliche Genossenschaftsbanken

15 regionale Prüfungsverbände, zwei Fachprüfungsverbände

Bundesverband der Deutschen Volksbanken und Raiffeisenbanken (BVR)

Übersicht 2
Der Verbund der Genossenschaftsbanken 1977

Örtliche Ebene	4 806 Genossenschaftsbanken davon: 4 746 Volksbanken und Raiffeisenbanken 3 Beamtenbanken 21 Post-Spar- und Darlehnsvereine 16 Eisenbahn-Spar- und Darlehnskassen 20 genossenschaftliche Teilzahlungsbanken
Regionale Ebene	10 genossenschaftliche Zentralbanken
Nationale Ebene	DG BANK Deutsche Genossenschaftsbank, Frankfurt am Main
	DG HYP Deutsche Genossenschafts- Hypothekenbank AG, Berlin/Hamburg Münchener Hypothekenbank eG, München Bausparkasse Schwäbisch Hall AG, Schwäbisch Hall R + V Versicherungsgruppe, Wiesbaden Union-Investment-Gesellschaft mbH, Frankfurt am Main u. a.

den 8,3 Millionen Ende 1977 gegenüber. Auch nach dem Inkrafttreten des novellierten Genossenschaftsgesetzes im Jahre 1974 hat sich der Zuwachs — sogar beschleunigt — fortgesetzt. Dies ist deshalb bemerkenswert, weil die Genossenschaftsbanken die Kreditgewährung an ihre Kunden von da ab auch auf Nichtmitglieder ausdehnen konnten, ohne hiermit steuerliche Nachteile hinnehmen zu müssen.

Die gewachsene Kraft der Genossenschaftsbanken wird schließlich auch an ihren Marktanteilen deutlich, die sie mittlerweile in der deutschen Geldwirtschaft erlangt haben. 1977 erzielten die örtlichen Genossenschaftsbanken eine Bilanzsumme von 196 Mrd. DM und erreichten damit, gemessen an der Bilanzsumme aller Universalbanken, einen Marktanteil von 14,2 % (vgl. Tabelle 16). Zwei

Jahrzehnte vorher hatte dieser Marktanteil noch bei 10 % gelegen. Ihre Einlagen von Nichtbanken konnten die Genossenschaftsbanken 1977 auf 166 Mrd. DM steigern und damit einen Marktanteil von 20,7 % (1957: 12 %) erreichen. Die Ausleihungen an Kunden stiegen 1977 auf 118 Mrd. DM, was einem Marktanteil von 14,2 % (1957: 10 %) entsprach.

Unterstützt, teilweise auch erst ermöglicht, wurden die Aktivitäten der Kreditgenossenschaften durch die regionalen Zentralbanken, die DG BANK und die Spezialinstitute. Dieser Verbund der Genossenschaftsbanken erreichte 1977 (ohne die Spezial-Verbundinstitute) eine Bilanzsumme von 271 Mrd. DM.

Tabelle 16
Bilanzzahlen und Marktanteile der Universalbankengruppen per Ende 1977

	Bilanzsumme		Kredite		Einlagen	
	in Mrd. DM	Marktanteil in %	in Mrd. DM	Marktanteil in %	in Mrd. DM	Marktanteil in %
Kreditbanken	434,6	31,4	260,9	31,3	227,7	28,4
— Großbanken	182,2	13,2	109,4	13,1	118,5	14,8
— Regionalbanken	190,2	13,7	124,8	15,0	91,4	11,4
— Privatbanken	27,9	2,0	16,0	1,9	14,5	1,8
— Ausländische Banken	34,3	2,5	10,7	1,3	3,3	0,4
Sparkassensektor	678,8	49,0	437,8	52,5	397,9	49,7
— Sparkassen	387,2	28,0	248,3	29,8	340,4	42,5
— Girozentralen*	291,6	21,0	189,5	22,7	57,5	7,2
Genossenschaftssektor	270,6	19,6	135,0	16,2	175,2	21,9
— Genossenschaftsbanken	196,3	14,2	118,2	14,2	165,9	20,7
— Genossenschaftliche Zentralbanken**	74,2	5,4	16,8	2,0	9,2	1,2
Alle Universalbankengruppen	1 384,0	100,0	833,7	100,0	800,8	100,0

* Einschließlich Deutsche Girozentrale – Kommunalbank.
** Einschließlich DG BANK Deutsche Genossenschaftsbank.
Quelle: Deutsche Bundesbank und eigene Berechnungen.

Das entsprach einem Marktanteil von 19,6 %. Die Einlagen von Nichtbanken betrugen 175 Mrd. DM, entsprechend einem Marktanteil von 21,9 %. Kredite an Nichtbanken in Höhe von 136 Mrd. DM bedeuteten einen Marktanteil von 16,2 %. Diese Zahlen zeigen, daß die genossenschaftliche Bankengruppe unter den vergleichbaren Bankengruppen in der Bundesrepublik eine wichtige Position einnimmt.

2.3.2. Sonstige genossenschaftliche Wirtschaft

2.3.2.1. Ländliche Waren- und Dienstleistungsgenossenschaften

Die ländlichen Waren- und Dienstleistungsgenossenschaften haben die Aufgabe, den Absatz von Agrarprodukten und den Bezug landwirtschaftlicher Betriebsmittel sowie die Betriebsführung ihrer Mitglieder zu fördern. 1977 gab es, wie Tabelle 17 zeigt, 8 851 solcher ländlichen Waren- und Dienstleistungsgenossenschaften (einschließlich Kreditgenossenschaften mit Warenverkehr), die von 65 Zentralgenossenschaften ergänzt wurden. Örtliche und Zentralgenossenschaften erzielten Umsätze von insgesamt 63 Mrd. DM. Bundesverband der ländlichen Waren- und Dienstleistungsgenossenschaften ist der DRV, der Deutsche Raiffeisenverband e. V., Bonn (vgl. Übersicht 3).
Die Zahl der Mitglieder betrug 1977 3,4 Millionen. Davon entfielen 2,7 Millionen Mitgliedschaften auf die Kreditgenossenschaften mit Warenverkehr.
Bedeutende Teile des Absatzes von Getreide, Kartoffeln und anderen Agrarprodukten sowie des Bezuges von ländlichen Betriebsmitteln werden über die Bezugs- und Absatzgenossenschaften sowie die Raiffeisen-Kreditgenossenschaften mit Warenverkehr abgewickelt. Die 3 064 Raiffeisen-Kreditgenossenschaften mit Warenverkehr erzielten 1977 Umsätze von 6,5 Mrd. DM. Auf die 1 200 Bezugs- und Absatzgenossenschaften, die zugehörigen elf regionalen Hauptgenossenschaften sowie die Deutsche Raiffeisen-Warenzentrale GmbH, Frankfurt am Main, entfielen 1977 Umsätze von insgesamt 21,6 Mrd. DM.
Zu den wichtigen Genossenschaften im ländlichen Bereich zählen auch die 1 817 Molkerei- und Milchverwertungsgenossenschaften mit ihren 15 regionalen Zentralgenossenschaften und der Deutschen Milchkontor GmbH, Hamburg. Sie organisieren die Erfassung der Milch, ihre Verarbeitung und die Vermarktung von Milch und Milcherzeugnissen. 1977 erzielten sie Umsätze von zusammen 20,6 Mrd. DM.
Auf dem Sektor der Vieh- und Fleischwirtschaft standen der Landwirtschaft 1977 254 Viehverwertungsgenossenschaften, neun regionale Vieh- und Fleischzentralen sowie die Deutsche Vieh- und Fleischzentrale GmbH, Bonn, zur Ver-

60

fügung. Die Zentralgenossenschaften haben in der Regel die kapitalintensive Versandschlachtung übernommen, während die örtlichen Genossenschaften in der Erfassung von Schlachttieren und im Nutzviehhandel tätig sind. Örtliche und zentrale Viehverwertungsgenossenschaften erzielten 1977 Umsätze von 10,7 Mrd. DM.

Tabelle 17
Anzahl ländlicher Waren- und Dienstleistungsgenossenschaften 1960 und 1977

	1960	1977
Primärgenossenschaften insgesamt	19 385	8 851
— Raiffeisen-Kreditgenossenschaften	10 840	3 064*
— Bezugs- und Absatzgenossenschaften	2 270	1 200
— Molkerei- und Milchverwertungsgenossenschaften	5 267	1 817
— Obst- und Gemüseverwertungsgenossenschaften	195	155
— Winzergenossenschaften	541	359
— Viehverwertungsgenossenschaften	272	254
— Sonstige	—	2 002
Zentralgenossenschaften insgesamt	47	65
— Hauptgenossenschaften	14	12
— Molkerei- und Eierabsatzzentralen	15	16
— Vieh- und Fleischzentralen	11	10
— Zentralkellereien	7	6
— Sonstige	—	21**

* Nur Raiffeisen-Kreditgenossenschaften mit Warenverkehr.
** 9 Treuhandstellen, 6 Rechenzentralen, 6 sonstige Zentralgenossenschaften.
Quelle: DG BANK Deutsche Genossenschaftsbank, Frankfurt am Main, Die Genossenschaften in der Bundesrepublik Deutschland 1977, Statistischer Teil, und eigene Berechnungen.

Unter den ländlichen Waren- und Betriebsgenossenschaften fanden sich 1977 schließlich auch noch 155 Obst- und Gemüseverwertungsgenossenschaften, die Umsätze von 1,2 Mrd. DM aufwiesen. Für den Weinbau bestanden 359 Winzergenossenschaften, fünf Zentralkellereien und die Weinabsatzzentrale Deutscher Winzergenossenschaften eG, Bonn, mit Umsätzen von zusammen 1,4 Mrd. DM. Der Anteil genossenschaftlicher Weinerfassung betrug 35 %.

Übersicht 3
Ländliche Waren- und Dienstleistungsgenossenschaften (einschließlich Kredit-
genossenschaften mit Warenverkehr), ihre Träger und ihre Verbände 1977

3,4 Millionen ländliche Unternehmer, Arbeitnehmer und Freiberufler

8 851 örtliche ländliche Waren- und Dienstleistungsgenossenschaften
(einschließlich Kreditgenossenschaften mit Warenverkehr)

15 regionale Prüfungsverbände

Deutscher Raiffeisenverband (DRV)

2.3.2.2. Gewerbliche Waren- und Dienstleistungsgenossenschaften

Unternehmer aus allen Wirtschaftsbereichen und Angehörige der freien Berufe
haben zahlreiche verschiedene Einkaufsgenossenschaften und Dienstleistungsgenossenschaften gegründet. Dies war besonders ausgeprägt beim Einzelhandel
und beim Handwerk der Fall. 1977 gab es, wie Tabelle 18 zeigt, insgesamt 839
solcher gewerblicher Waren- und Dienstleistungsgenossenschaften, zu denen
noch 17 Zentralgenossenschaften gehörten.
Die gewerblichen Waren- und Dienstleistungsgenossenschaften zählten 1977
rund 240 000 Mitgliedsunternehmen. Ihre Umsätze (einschließlich Zentralgenossenschaften) beliefen sich auf knapp 50 Mrd. DM. Nationaler Spitzenverband der gewerblichen Waren- und Dienstleistungsgenossenschaften, soweit sie
sich ihm angeschlossen haben, ist der ZENTGENO, der Zentralverband der genossenschaftlichen Großhandels- und Dienstleistungsunternehmen e. V., Bonn
(vgl. Übersicht 4).
Im Einzelhandel sind vor allem die Lebensmitteleinzelhändler sehr stark genossenschaftlich organisiert. Es bestehen zwei große genossenschaftliche Selbsthilfeeinrichtungen der Lebensmitteleinzelhändler: die EDEKA-Organisation

Tabelle 18
Anzahl gewerblicher Waren- und Dienstleistungsgenossenschaften
1960 und 1977

	1960	1977
Primärgenossenschaften insgesamt	1062	839
— Einkaufsgenossenschaften des Lebens- und Genußmitteleinzelhandels	360	105
EDEKA	223	50
REWE	99	32
Milchhandel u. ä.	16	6
Tabakwaren	22	17
— Einkaufsgenossenschaften des Nichtnahrungsmitteleinzelhandels	58	28
Hausrat	15	4
Papierwaren, Buchhandel	5	2
Bürobedarf	3	2
Schuhwaren	7	9
Textilien	10	7
Drogeriewaren	18	4
— Einkaufsgenossenschaften des Lebensmittelhandwerks	399	245
Bäcker	208	112
Hefebezug	16	8
Fleischer	175	125
— Einkaufsgenossenschaften sonstiger Handwerkszweige	223	134
Bauhandwerk	10	7
Dachdeckerhandwerk	11	17
Glaserhandwerk	5	3
Bekleidungshandwerk	16	3
Friseurhandwerk	15	9
Holzverarbeitendes Handwerk	31	16
Malerhandwerk	35	23
Gas- und Wasserinstallation	8	6
Schmiede- und Schlosserhandwerk	4	4
Polsterhandwerk	18	13
Schuhmacherhandwerk	60	22
Sonstige	10	11
— Einkaufsgenossenschaften freier Berufe	22	14
Apotheker	7	5
Ärzte	10	5
Sonstige verwandte Berufe	5	4
— Sonstige gewerbliche Genossenschaften	—	313
Zentralgenossenschaften insgesamt	20	17
— Zentralgenossenschaften des Handels	6	5
EDEKA	2	1
REWE	2	2
Sonstige	2	2
— Zentralgenossenschaften des Handwerks	14	12
Bäcker	9	7
Fleischer	1	1
Sonstige	4	4

Quelle: DG BANK Deutsche Genossenschaftsbank, Frankfurt am Main, Die Genossenschaften in der Bundesrepublik Deutschland 1977, Statistischer Teil, und eigene Berechnungen.

und die REWE-Organisation. Ende 1977 gab es 50 EDEKA-Einkaufsgenossenschaften und als Zentralgenossenschaft die EDEKA-Zentrale AG, Hamburg. Sie erzielten zusammen einen Umsatz von 17,1 Mrd. DM. Die REWE-Gruppe als die jüngere der beiden Organisationen umfaßte Ende 1977 32 Einkaufsgenossenschaften und zwei Zentralgenossenschaften, die Umsätze von zusammen 9,8 Mrd. DM aufwiesen.

Übersicht 4
Gewerbliche Waren- und Dienstleistungsgenossenschaften, ihre Träger und ihre Verbände 1977

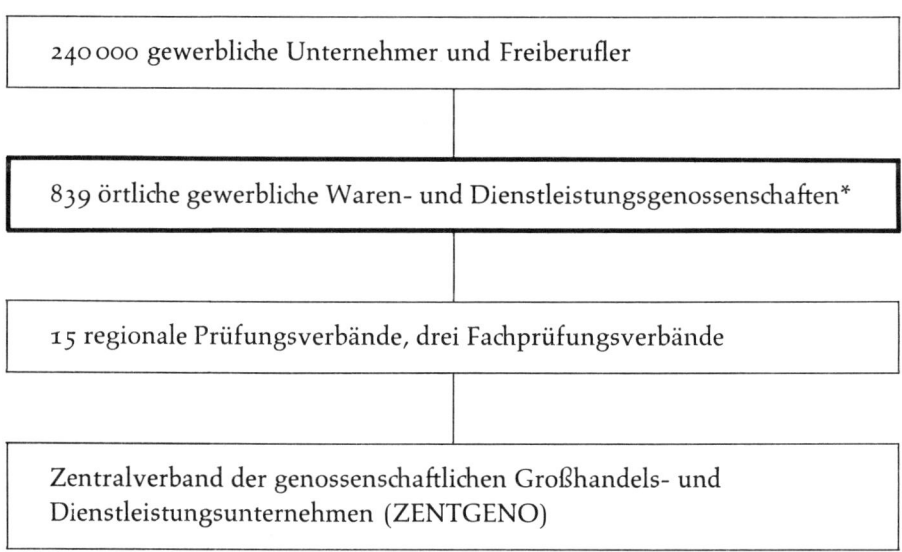

240 000 gewerbliche Unternehmer und Freiberufler

839 örtliche gewerbliche Waren- und Dienstleistungsgenossenschaften*

15 regionale Prüfungsverbände, drei Fachprüfungsverbände

Zentralverband der genossenschaftlichen Großhandels- und Dienstleistungsunternehmen (ZENTGENO)

* Teilweise operieren diese Genossenschaften auch auf regionaler, nationaler und übernationaler Ebene.

Für andere Einzelhandelsbereiche gab es 1977 weitere 28 Einkaufsgenossenschaften, deren Umsatz insgesamt 7,9 Mrd. DM betrug. Die meisten finden sich im Bereich des Schuhwareneinzelhandels (NORD-WEST-RING Schuh-Einkaufsgenossenschaft eG, Frankfurt am Main, GARANT Schuhgilde eG, Düsseldorf, ARISTON SCHUH-EINKAUFSVEREINIGUNG eG, Düsseldorf, u. a.). Aber auch der Textileinzelhandel ist stark genossenschaftlich organisiert (hadeka Handelszentrale Deutscher Kaufhäuser eG, Schwalbach a. Ts., SÜTEX Vereinigte Textil-Einkaufsverbände eG, Sindelfingen, u. a.). Das gilt in gleicher Weise für den Einzelhandel mit Hausrat (Nürnberger Bund Großeinkauf eG,

Essen, Kaufring eG, Düsseldorf, u. a.). Auf die 20 Einkaufsgenossenschaften dieser drei Einzelhandelszweige entfielen 1977 Umsätze in Höhe von 6,9 Mrd. DM.

Auch die Handwerksbetriebe verfügen über zahlreiche und umsatzstarke Einkaufsgenossenschaften. Allein für das Lebensmittelhandwerk bestanden 1977 253 Einkaufsgenossenschaften (245 Primärgenossenschaften und acht Zentralgenossenschaften), die einen Umsatz von 5,2 Mrd. DM erzielten. Am stärksten vertreten waren Einkaufsgenossenschaften 1977 beim Fleischerhandwerk, das über 125 örtliche Einkaufsgenossenschaften (Umsatz 1,2 Mrd. DM) und die ZENTRAG Zentralgenossenschaft des Fleischergewerbes eG, Frankfurt am Main, (Umsatz 0,3 Mrd. DM) verfügt. Kaum weniger zahlreich waren die Einkaufsgenossenschaften des Backhandwerks (112 örtliche und sechs regionale Einkaufsgenossenschaften sowie die BÄKO Bundeszentrale Deutscher Bäcker- und Konditorengenossenschaften eG, Bad Honnef). Sie erzielten Umsätze von 3,6 Mrd. DM.

In den anderen Handwerkszweigen fanden sich 1977 weitere 134 Einkaufsgenossenschaften mit einem Umsatz von 1,2 Mrd. DM. Zahlreiche und umsatzstarke Einkaufsgenossenschaften gibt es vor allem für das Malerhandwerk, das Schuhmacherhandwerk und das Dachdeckerhandwerk.

Die freien Berufe, wie Apotheker, Ärzte, Steuerberater und Übersetzer, verfügten 1977 über 14 Einkaufs- und Dienstleistungsgenossenschaften. Am stärksten war der Umsatz mit Apothekenartikeln.

2.3.2.3. Verkehrsgenossenschaften

Die Verkehrsgenossenschaften sind ein bedeutender Teil der deutschen Verkehrswirtschaft. 1977 gab es 67 solcher Verkehrsgenossenschaften mit rund 13 600 angeschlossenen Mitgliedsunternehmen. Bei einer Gesamtzahl von 73 000 Verkehrsunternehmen in der Bundesrepublik bedeutet dies, daß etwa jedes fünfte Unternehmen genossenschaftlich organisiert war.

Die verkehrsgenossenschaftliche Organisation umfaßt neben den 67 Primärgenossenschaften noch zwei Zentralgenossenschaften. Es sind die Bundeszentralgenossenschaft Straßenverkehr eG, Frankfurt am Main, und die Taxizentralgenossenschaft eG, Düsseldorf. Für die im Genossenschaftsgesetz vorgeschriebenen Prüfungen besteht ferner der Prüfungsverband der Deutschen Verkehrsgenossenschaften e. V., Hamburg (vgl. Übersicht 5).

Mitglieder- und umsatzstärkster Bereich unter den Verkehrsgenossenschaften sind die 17 Straßengüterverkehrsgenossenschaften. Sie betätigen sich vor allem

Übersicht 5
Die genossenschaftlich organisierte Verkehrswirtschaft 1977

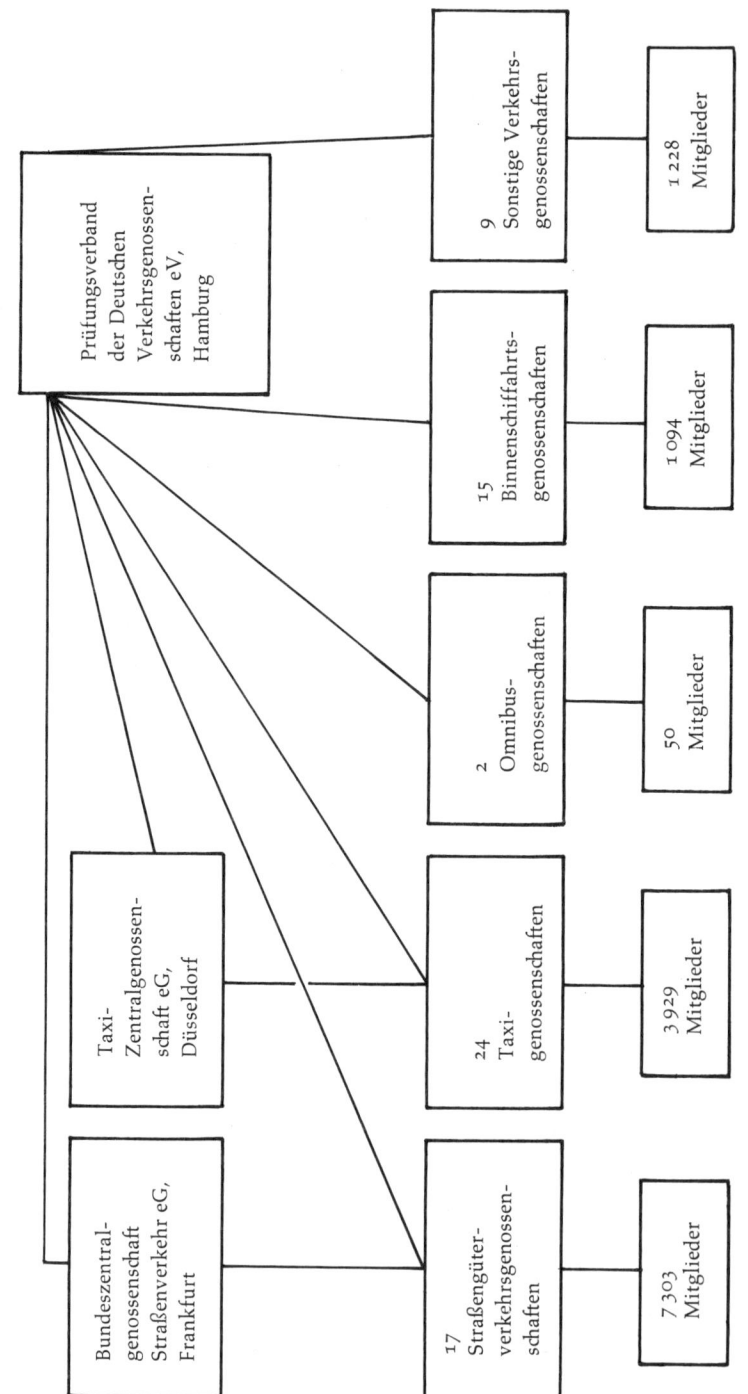

Quelle: Prüfungsverband der Deutschen Verkehrsgenossenschaften eV, Hamburg.

im Fernverkehr. Ende 1977 gehörten ihnen 7 303 Mitgliedsunternehmen an, die einen nach Frachten gerechneten Umsatz von 5,7 Mrd. DM erzielten. Sie fördern ihre Mitglieder unter anderem durch die Erledigung der Frachtabrechnungen und die Bereitstellung genossenschaftseigener Laderaumverteilungsstellen, Autohöfe, Tankstellen, Hotels und Raststätten.

Zum Bereich der Personenverkehrsgenossenschaften gehörten 1977 24 Taxigenossenschaften mit 3 929 Mitgliedsunternehmen und zwei Omnibusgenossenschaften mit 50 Mitgliedsunternehmen. Taxiunternehmen haben sich in den letzten Jahren zunehmend genossenschaftlich organisiert. 1977 erzielten sie Umsätze von 40 Mio. DM.

Der dritte Bereich von Verkehrsgenossenschaften ist der der Binnenschiffahrtsgenossenschaften. 1977 gab es 15 Genossenschaften dieser Art, der 1 094 Binnenschiffahrtsunternehmen als Mitglieder angehörten. Während in den letzten Jahren die Zahl der Mitgliedsunternehmen — wie die der Binnenschiffahrtsunternehmen überhaupt — rückläufig war, hat sich die Zahl der Genossenschaften noch leicht erhöht; die Umsätze der Binnenschiffahrtsgenossenschaften lagen 1977 mehr als doppelt so hoch wie 1972.

2.3.2.4. Genossenschaftlich getragene Versicherungsunternehmen

Eine Reihe deutscher Versicherungsunternehmen wird direkt oder indirekt von örtlichen Genossenschaften und ihren Mitgliedern getragen (vgl. Übersicht 6). Die stärkste Bindung zum Genossenschaftswesen weist die R + V Versicherungsgruppe, Wiesbaden, auf. Ihr Versicherungsprogramm ist speziell auf den Mittelstand ausgerichtet. Es wird zu einem erheblichen Teil über die Volksbanken und Raiffeisenbanken verkauft.

Die ersten R + V Versicherungsunternehmen wurden von den Raiffeisengenossenschaften gegründet und genutzt. Heute zählen auch gewerbliche Genossenschaften zu den Trägern der R + V Versicherungsunternehmen. Das Angebot der R + V Versicherungsgruppe, die aus fünf Gesellschaften besteht, richtet sich, ungeachtet seiner Spezialisierung auf den Mittelstand, an alle Kreise der Bevölkerung.

Die R + V Versicherungsunternehmen betreiben die Schaden-, Unfall-, Lebens-, Tier-, Pensions- und Rückversicherung. Sie erzielten damit 1977 Prämieneinnahmen von 1,8 Mrd. DM, ihre Kapitalanlagen erreichten 4,6 Mrd. DM. Damit ist die R + V Versicherung eine der leistungsfähigsten Versicherungsgruppen in der Bundesrepublik.

In einigen Versicherungssparten gibt es neben den Unternehmen der R + V Versicherungsgruppe weitere genossenschaftlich getragene Versicherungsunternehmen. So ist es in der Sparte Lebensversicherung neben der R + V Lebensversicherung a. G. vor allem die Volksfürsorge Lebensversicherung AG, Hamburg, die zweitgrößte unter den deutschen Lebensversicherungsgesellschaften. Ursprünglich gemeinsam von den Konsumgenossenschaften und den Gewerkschaften gegründet und von ihnen getragen, ist die Volksfürsorge Leben heute allerdings nur noch zu einem verschwindend geringen Prozentsatz in der Hand der Konsumgenossenschaften. Anders sieht es dagegen bei der KRAVAG Lebensversicherung AG, Hamburg, aus; sie wird voll von den Straßengüterverkehrsgenossenschaften getragen. Alle genossenschaftlichen Lebensversiche-

Übersicht 6
Genossenschaftlich getragene Versicherungsunternehmen

R + V Versicherungs-gruppe	KRAVAG-Gruppe	Pensions-versicherung der EDEKA-Organisation	Pensions-versicherung der Konsum-genossen-schaften	Volksfürsorge Lebensversicherung
		Träger		
DG BANK, genossenschaftliche Zentralbanken, genossenschaftliche Holding-Gesellschaften, ländliche und gewerbliche Zentral-genossenschaften				Beteiligungs-gesellschaft für Gemeinwirtschaft, Bank für Gemeinwirtschaft, Internationale Genossenschaftsbank
				Gewerkschaften, Bund deutscher Konsum-genossenschaften
Genossenschafts-banken, ländliche und gewerbliche Genossenschaften	Straßengüter-verkehrs-genossen-schaften	EDEKA-Einkaufs-genossen-schaften	Konsum-genossen-schaften	Konsum-genossenschaften
Genossenschafts-mitglieder	Genossen-schafts-mitglieder	Genossen-schafts-mitglieder	Genossen-schafts-mitglieder	Gewerkschafts-mitglieder, Genossenschafts-mitglieder

rungsunternehmen zusammen erzielten 1977, wie Tabelle 19 zeigt, Prämieneinnahmen in Höhe von 2,2 Mrd. DM und besaßen Kapitalanlagen in Höhe von 12,1 Mrd. DM.

Tabelle 19
Genossenschaftlich getragene Versicherungsunternehmen 1960 bis 1977

	1960	1970	1977
Entwicklung der Gesamtwerte			
1. Prämieneinnahmen in Mio. DM	420,8	1 565,9	3 764,0
2. Kapitalanlagen in Mio. DM	1 548,6	5 976,0	14 865,2
Entwicklung der einzelnen Versicherungszweige			
1. Lebensversicherungsunternehmen			
— Prämieneinnahmen (brutto) in Mio. DM	236,0	909,2	2 246,4
— Kapitalanlagen in Mio. DM	1 125,9	4 738,1	12 106,3
2. Sach- und Schaden- versicherungsunternehmen			
— Prämieneinnahmen (brutto) in Mio. DM	127,7	451,9	1 051,2
— Kapitalanlagen in Mio. DM	117,8	443,0	1 220,5
3. Pensions- versicherungsunternehmen			
— Prämieneinnahmen (brutto) in Mio. DM	19,1	46,1	77,3
— Kapitalanlagen in Mio. DM	284,8	730,3	1 367,9
4. Tierversicherungsunternehmen			
— Prämieneinnahmen (brutto) in Mio. DM	27,5	68,4	74,3
— Kapitalanlagen in Mio. DM	17,0	26,3	35,8
5. Rückversicherungsunternehmen			
— Prämieneinnahmen (brutto) in Mio. DM	10,5[*]	90,3[**]	314,8[**]
— Kapitalanlagen in Mio. DM	3,0[*]	38,3[**]	134,7[**]

[*] Geschäftsjahr 1. 4. bis 31. 3.
[**] Geschäftsjahr 1. 7. bis 30. 6.

In der Sparte Sach- und Schadenversicherung ist neben der R + V Allgemeine Versicherung AG die KRAVAG Versicherungsverband des deutschen Kraftverkehrs VaG, Hamburg, als genossenschaftlich getragenes Versicherungsunternehmen tätig. Beide zusammen erzielten 1977 Prämieneinnahmen von 1,1 Mrd. DM. Ihre Kapitalanlagen hatten einen Stand von 1,2 Mrd. DM.

In der Sparte der Pensionsversicherung schließlich zählen neben der R + V Pensionsversicherung a. G. die Pensionskasse der deutschen Konsumgenossenschaften VVaG, Hamburg, und die Pensionskasse der EDEKA Organisation VVaG, Hamburg, zu den genossenschaftlichen Versicherungsunternehmen. Sie hatten 1977 Prämieneinnahmen in Höhe von insgesamt 77 Mio. DM. Ihre Kapitalanlagen betrugen 1,4 Mrd. DM.

2.3.2.5. Wohnungsbaugenossenschaften

Die Wohnungsbaugenossenschaften sehen ihre Aufgabe darin, ihre Mitglieder mit preisgünstigen und gehobenen Ansprüchen genügenden Wohnungen zu versorgen. Sie sind also ebenso wie die Konsumgenossenschaften Zusammenschlüsse von Verbrauchern. Ihre Tätigkeit ist nicht auf die eigene Bauausführung gerichtet, sondern die Wohnungsbaugenossenschaften treten als Bauherren auf und lassen ihre Bauvorhaben durch Bauunternehmen ausführen.

Ende 1977 gab es in der Bundesrepublik, wie Tabelle 20 zeigt, 1 246 Wohnungsbaugenossenschaften. Sie sind über die Regionalverbände mit den Gesellschaften der gemeinnützigen Wohnungswirtschaft zum Gesamtverband gemeinnütziger Wohnungsunternehmen e. V., Köln, zusammengefaßt. Ihr Wohnungsbestand betrug Ende 1977 rund 975 000 Miet- und Eigentumswohnungen. Die gesamte Bauleistung der Wohnungsbaugenossenschaften seit 1950 liegt mit 1,2 Millionen Wohnungen noch um einiges höher.

1,6 Millionen Menschen aus allen Teilen der Bevölkerung sind mittlerweile Mitglieder bei den Wohnungsbaugenossenschaften; sie halten mehr als 5 Mil-

Tabelle 20
Anzahl der Wohnungsbaugenossenschaften 1960 bis 1977

	1960	1965	1970	1975	1977
Primärgenossenschaften	1 657	1 527	1 394	1 277	1 246
Zentralgenossenschaften	2	2	1	—	—
Wohnungsbaugenossenschaften insgesamt	*1 659*	*1 529*	*1 395*	*1 277*	*1 246*

70

Abbildung 14
Struktur der Wohnungsbaugenossenschaften 1977

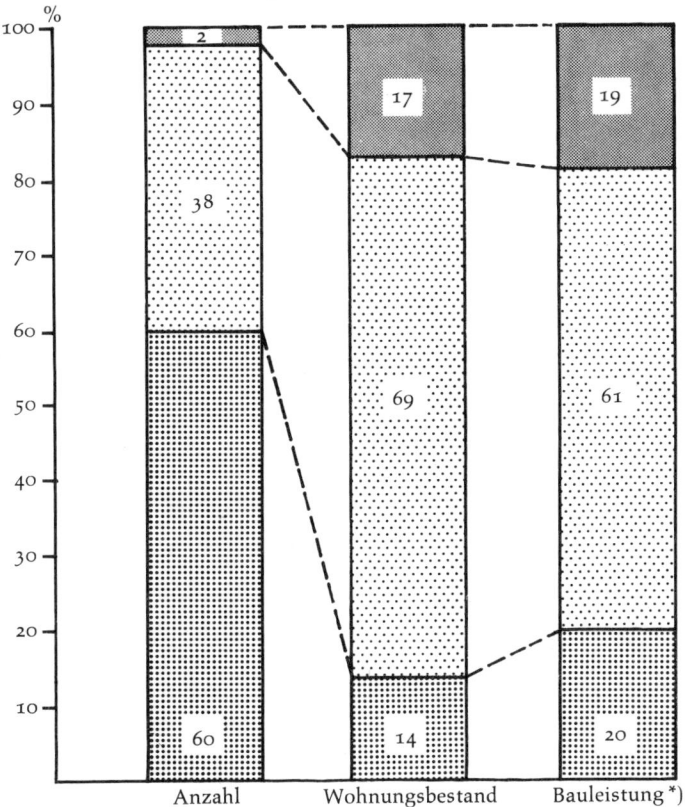

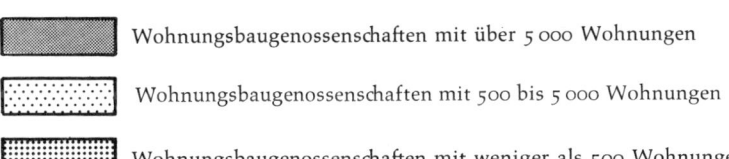

Wohnungsbaugenossenschaften mit über 5 000 Wohnungen

Wohnungsbaugenossenschaften mit 500 bis 5 000 Wohnungen

Wohnungsbaugenossenschaften mit weniger als 500 Wohnungen

*) in eigener Bauherrschaft erstellte Wohnungen

Quelle: Gesamtverband gemeinnütziger Wohnungsunternehmen e. V., Köln.

lionen Geschäftsanteile. Noch deutlich größer als die Zahl der Mitglieder ist die
Zahl der Bewohner von Genossenschaftswohnungen: sie beträgt inzwischen
rund 4 Millionen.
Die Wohnungsbaugenossenschaften stehen im Wettbewerb mit privaten Bauherren und gemeinnützigen Wohnungsunternehmen in Rechtsformen der Ka-
pitalgesellschaft. Sie sind überwiegend kleine und mittlere Unternehmen. Im

Durchschnitt hatten sie 1977 rund 1 300 Mitglieder und 780 eigene Wohnungen. 60 % der Wohnungsbaugenossenschaften verfügten über weniger als 500 eigene Wohnungen (vgl. Abbildung 14); sie finden sich vor allem auf dem Lande und in Klein- und Mittelstädten. Der Anteil großer Genossenschaften mit mehr als 5 000 eigenen Wohnungen macht etwa 2 % aller Wohnungsbaugenossenschaften aus. Es besteht bei den Wohnungsbaugenossenschaften, wie bei den anderen Gesellschaftsformen auch, eine Tendenz zu steigenden Unternehmensgrößen.

Die Wohnungsbaugenossenschaften tragen heute in zunehmendem Maße qualitativen Aspekten Rechnung. Neben den Wohnungsneubau ist die Erhaltung und Verbesserung des Wohnungsbestandes getreten. Mit dem ›Ring der Wohnungsbaugenossenschaften‹ wird die genossenschaftliche Grundidee der Hilfe durch Selbsthilfe in der Weise verbreitert, daß den Mitgliedern das Finden einer nach Ausstattung und Preis gleichwertigen Wohnung bei einem Wohnortwechsel erleichtert wird.

2.3.2.6. co op-Gruppe

Zur co op-Gruppe gehörten Ende 1977 71 Konsumgenossenschaften. Sie arbeiten vor allem im Lebensmitteleinzelhandel. Ihr Ladennetz umfaßte 1977 rund 3 700 Läden; hiervon waren 85 % Supermärkte, 12 % Discountläden und 2 % SB-Warenhäuser. Um die Zugehörigkeit zu einer gemeinsamen Gruppe nach außen hin deutlich zu machen, treten die Konsumgenossenschaften und ihre Läden — mit Ausnahme der Discountläden (depot, SK) und der SB-Warenhäuser (plaza) — seit 1969 unter dem gemeinsamen Firmensymbol ›co op‹ auf. Mitglieder und Träger der Konsumgenossenschaften sind Verbraucher aller sozialen Schichten. 1977 waren es 1,1 Millionen, gegenüber noch 2,1 Millionen im Jahre 1970. Der Rückgang beruht zum Teil auf der Umwandlung von Konsumgenossenschaften in Aktiengesellschaften.

›Kopf‹ der co op-Gruppe ist die co op Zentrale AG, Frankfurt am Main (vgl. Übersicht 7). Sie dient als Holdinggesellschaft. Großaktionäre sind der Bund deutscher Konsumgenossenschaften GmbH, Hamburg, und die Beteiligungsgesellschaft für Gemeinwirtschaft AG, Frankfurt am Main. Die co op Zentrale AG, Frankfurt am Main, war das erste Ergebnis einer Neuorganisation der Konsumgenossenschaften, die 1974 beschlossen wurde. Gemäß diesem Beschluß sollen die Konsumgenossenschaften nach und nach die Rechtsform der Aktiengesellschaft annehmen und die co op Zentrale AG Mehrheitsbeteiligungen am Kapital dieser Konsumgenossenschaften erwerben, um auf diese Weise eine einheitliche Konzernbildung zu ermöglichen. Nur so glaubt man, den Wettbewerb mit den Filialbetrieben einschließlich der Lebensmittelabteilungen der Warenhäuser,

Übersicht 7
co op-Gruppe 1977

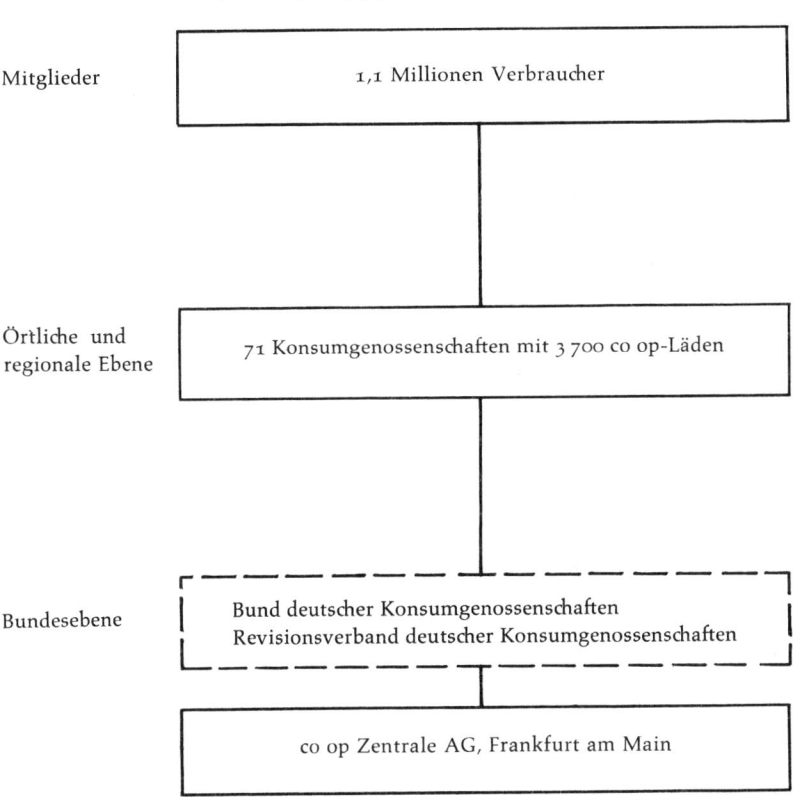

Mitglieder	1,1 Millionen Verbraucher

Örtliche und regionale Ebene	71 Konsumgenossenschaften mit 3 700 co op-Läden

Bundesebene	Bund deutscher Konsumgenossenschaften Revisionsverband deutscher Konsumgenossenschaften

co op Zentrale AG, Frankfurt am Main

den Verbrauchermärkten, den freiwilligen Handelsketten und den Einkaufsgenossenschaften der Lebensmitteleinzelhändler bestehen zu können. Freilich bedeutet dies auch, daß die Willensbildung in den Konsumgenossenschaften zukünftig nicht mehr von unten nach oben, sondern umgekehrt erfolgt und »sich die Konsumgenossenschaften im Wandel vom individual-orientierten Förderungsauftrag zu einem gemeinwirtschaftlichen, am Gesamtinteresse orientierten Anbieterverhalten befinden«.[31]

1977 wurden bereits 40 % des Einzelhandelsumsatzes der co op-Gruppe, das waren rund 4 Mrd. DM, im co op Zentrale-Konzern getätigt. Der gesamte Einzelhandelsumsatz der co op-Gruppe betrug im gleichen Jahr 10,1 Mrd. DM. Das entsprach einem Marktanteil am deutschen Einzelhandel von 3,1 % und am Lebensmitteleinzelhandel von 8,9 % (vgl. Tabelle 21).

31 Horst van Heukelum, Genossenschaften und Konzentration im Handel, in: Zeitschrift für das gesamte Genossenschaftswesen, Bd. 28 (1978), S. 103.

Tabelle 21
Zahlen zur co op-Gruppe 1977

Einzelhandelsumsatz	10,1 Mrd. DM
Verkaufsfläche	1,6 Mio. qm
Marktanteil Lebensmittel-Einzelhandel	8,9 %
Marktanteil Gesamteinzelhandel	3,1 %

	Anzahl der Läden	Umsatz in Mrd. DM	Umsatzanteil in %
co op-Supermärkte	3 130	5,8	57,5
depot-Vorratsmärkte	436	1,8	18,1
plaza SB-Warenhäuser	72	2,3	22,8
Sonstige	32	0,2	1,6

2.3.3. Zusammenfassung

Von den genannten genossenschaftlichen Unternehmensgruppen gehören die meisten verbandsmäßig dem Deutschen Genossenschafts- und Raiffeisenverband e. V. (DGRV) an, und zwar nicht direkt, sondern indirekt (vgl. Übersicht 8):

— die Genossenschaftsbanken	über die regionalen Prüfungsverbände, die Fachprüfungsverbände und den BVR,
— die ländlichen Waren- und Dienstleistungsgenossenschaften	über die regionalen Prüfungsverbände und den DRV,
— die gewerblichen Waren- und Dienstleistungsgenossenschaften sowie die Verkehrsgenossenschaften	über die regionalen Prüfungsverbände, die Fachprüfungsverbände und den ZENTGENO,
— die genossenschaftlich getragenen Versicherungsunternehmen R + V Versicherungsgruppe KRAVAG-Gruppe	über den BVR, über den Prüfungsverband der Deutschen Verkehrsgenossenschaften,
Pensionsversicherung der EDEKA-Organisation	über den EDEKA Verband kaufmännischer Genossenschaften.

Der DGRV vertritt damit die Interessen von rund 12 000 Kreditgenossenschaften sowie ländlichen und gewerblichen Waren- und Dienstleistungsgenossenschaften mit knapp 10 Millionen Mitgliedschaften.

Übersicht 8
Genossenschaften und ihre verbandsmäßige Organisation
im Deutschen Genossenschafts- und Raiffeisenverband 1977

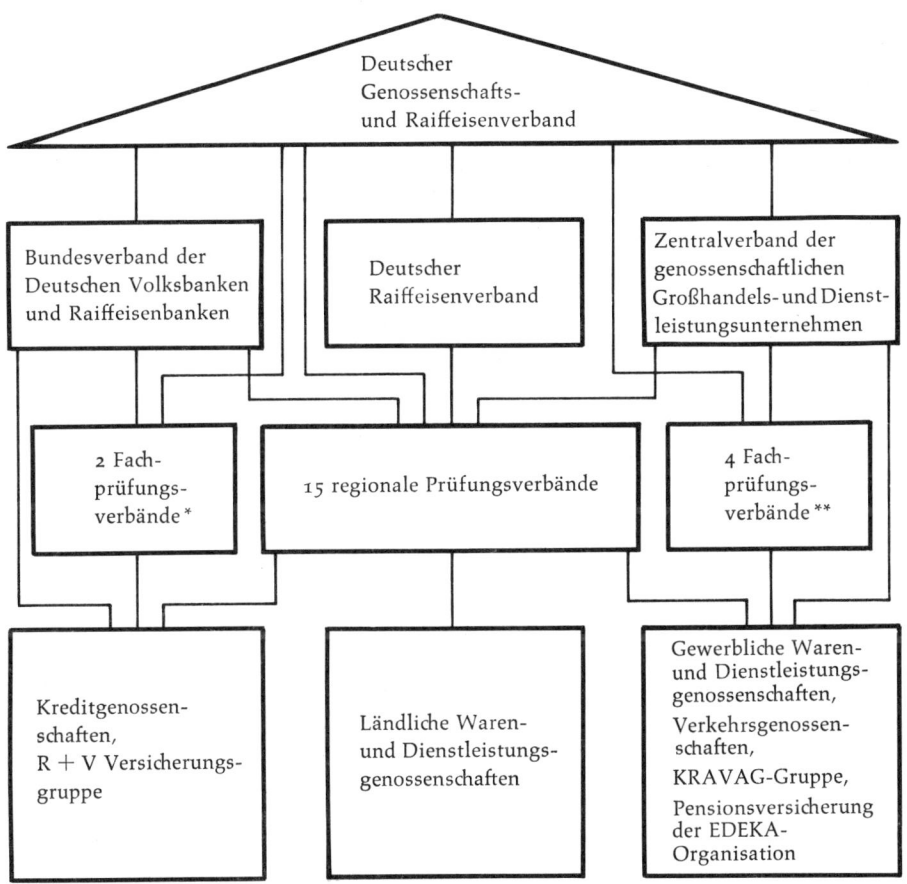

* Verband der Eisenbahn-Spar- und Darlehnskassen e. V., Frankfurt am Main,
Verband der Post-Spar- und Darlehnsvereine e. V., Bonn.
** BÄKO-Prüfungsverband Deutscher Bäcker- und Konditorengenossenschaften e. V., Bad Honnef, EDEKA Verband kaufmännischer Genossenschaften e. V., Hamburg, Prüfungsverband der Deutschen Verkehrsgenossenschaften e. V., Hamburg, REWE-Prüfungsverband e. V., Köln.

Dem DGRV sind allein die Wohnungsbaugenossenschaften und die co op-Gruppe nicht angeschlossen.

Alle genossenschaftlichen Unternehmensgruppen finden sich jedoch zur Beratung allgemein interessierender Fragen im sogenannten Freien Ausschuß der deutschen Genossenschaftsverbände zusammen. Hier sind auch die co op-Gruppe und die Wohnungsbaugenossenschaften vertreten, denn dem Freien Ausschuß gehören als Mitglieder an (vgl. Übersicht 9):

— der DGRV,
— der Revisionsverband deutscher Konsumgenossenschaften und
— der Gesamtverband gemeinnütziger Wohnungsunternehmen.

Die Zusammenarbeit auf nationaler Ebene setzt sich im internationalen Bereich fort. Grenzüberschreitende genossenschaftliche Zusammenschlüsse sind vor allem

— die Vereinigung der Spar- und Kreditgenossenschaften der EWG (VSKE), Brüssel,
— die Internationale Volksbankenvereinigung (CICP), Paris,
— die Internationale Vereinigung für Agrarkredit (CICA), Brüssel,
— der Allgemeine Ausschuß des ländlichen Genossenschaftswesens der EWG (COGECA), Brüssel,
— die Internationale Raiffeisen-Union, Bonn, und
— der Internationale Genossenschaftsbund (ICA), London.

Vor dem Hintergrund der Bedeutung, die die Genossenschaftsbanken für Wirtschaft und Gesellschaft einerseits und das Genossenschaftswesen andererseits haben, fragen wir nun im Anschluß an dieses Kapitel nach Inhalt und Form der Bankpolitik, die die Genossenschaftsbanken für ihre Mitglieder und Kunden betreiben. Wie sieht die genossenschaftliche Bankpolitik aus? Welches ist ihre allgemeine Grundlage, und zu welchen konkreten Ausgestaltungen führt sie?

Übersicht 9
Der Freie Ausschuß der deutschen Genossenschaftsverbände

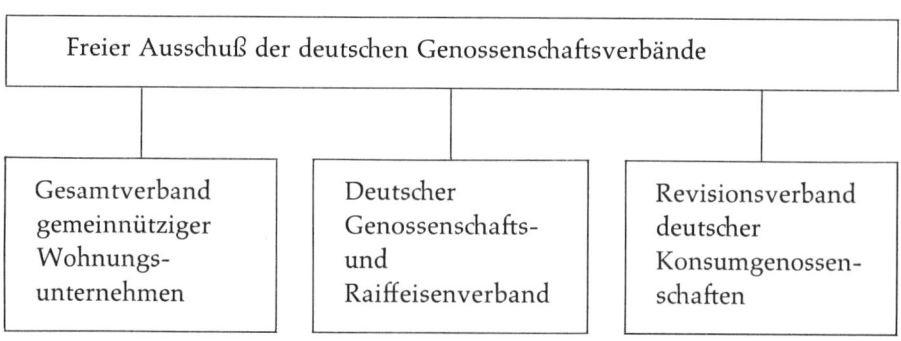

Eines ist bereits zutage getreten: Wie unsere Darlegungen insbesondere über die Träger, die Entstehung und die Strukturprinzipien der Genossenschaftsbanken gezeigt haben, ist die genossenschaftliche Banktätigkeit personenbezogen. Die Auswirkungen dieser Personenbezogenheit und des Standortes dieser Personen im Wirtschaftsleben auf die Gestaltung der Bankpolitik der Genossenschaftsbanken sollen im folgenden gezeigt werden.

3. Genossenschaftsbanken und Bankpolitik

Die Genossenschaftsbank ist, wie jede Genossenschaft, ein Unternehmenstyp besonderer Art.[32] Das beruht zum einen darauf, daß sie einen gesetzlichen Auftrag hat. Der Auftrag der Genossenschaftsbanken besteht darin, den Erwerb oder die Wirtschaft ihrer Mitglieder zu fördern (§ 1 GenG).

Kennzeichnend für die Genossenschaftsbanken ist zum anderen, daß ihre Träger in der Regel zugleich ihre Kunden sind. Die weitgehende Identität von Mitgliedern und Kunden, das sogenannte Identitätsprinzip, stellt neben dem Förderungsprinzip ein weiteres wichtiges Merkmal jeder Genossenschaftsbank dar. Wie wir gesehen haben, sind die Mitglieder und Kunden der Genossenschaftsbanken nahezu ausschließlich Angehörige des Mittelstandes.

Auf diese beiden Wesensmerkmale sind letzlich die Besonderheiten genossenschaftlicher Bankpolitik zurückzuführen. Das bankpolitische Verhalten und die Gestaltung des Leistungsangebotes der Genossenschaftsbanken richten sich auf die Förderung ihrer Mitglieder. Damit ist die genossenschaftliche Bankpolitik jedoch nicht nur mitglieder-, sondern zugleich auch mittelstandsbezogene Bankpolitik. Aus ihr resultiert gleichzeitig ein Angebot von Bankleistungen an den gesamten Mittelstand.

3.1. Zum Begriff der Bankpolitik

Was wird unter Bankpolitik verstanden? GEORG OBST unterteilt die Bankpolitik in eine solche im weiteren und eine solche im engeren Sinne. »Unter Bankpolitik im weiteren Sinne versteht man die Maßregeln, die Staat und gesetzgebende Körperschaften ergreifen, um das Bankwesen zu regulieren, es nach den Prinzipien, die sie für zweckmäßig halten, zu gestalten.«[33] Unter Bankpolitik im engeren Sinne versteht er das »Einwirken der Banken auf das Wirtschaftsleben«.[34] Bankpolitik bedeutet also generell, daß die Rolle der einzelnen Bank einmal als Objekt (Bankpolitik im weiteren Sinne) und einmal als Subjekt von Bankpolitik (Bankpolitik im engeren Sinne) verstanden werden kann.

CURT EISFELD stellt heraus, daß heute kein Kreditinstitut mehr von den bankpolitischen Maßnahmen des Staates unberührt sei. Er weist darauf hin, daß Bankpolitik umfasse:

---

[32] Vgl. Georg Draheim, Die Genossenschaft als Unternehmungstyp, 2. durchges. Aufl., Göttingen 1955.
[33] Georg Obst, Das Bankgeschäft, II. Bd., 6. Aufl., Stuttgart 1923, S. 1.
[34] Obst, a. a. O., S. 2.

1. die Einflußnahme des Staates auf die Kreditinstitute
2. die Maßnahmen der Zentralnotenbank
3. die Grundsätze, nach denen die Kreditinstitute ihre Geschäfte betreiben
4. die Mitwirkung der Verbände der Kreditinstitute an bankpolitischen Maßnahmen.[35]

Unter der vom Staat getragenen Bankpolitik werden von EISFELD die staatliche Regelung des Notenbankwesens, die Errichtung staatlicher Kreditinstitute (wie beispielsweise der Preußischen Central-Genossenschaftskasse im Jahre 1895) und die Einrichtung der staatlichen Bankenaufsicht aufgeführt.

Bei der Behandlung der Notenbankpolitik nennt der Autor die Zins- und die Liquiditätspolitik. Im einzelnen verweist er sowohl auf die Diskont- und Lombardpolitik als auch auf die Mindestreserve- und Offenmarktpolitik.

Zur Bankpolitik der Kreditinstitute, die auch als Bankbetriebspolitik bezeichnet wird, weist er darauf hin, daß diese nach den Grundsätzen der Sicherheit, der Liquidität und der Rentabilität geführt werden muß.

Als Beispiel für die Bankpolitik der Bankenverbände erwähnt EISFELD schließlich die verschiedenen Wettbewerbs- und Zinsabkommen, die durch die Spitzenverbände der Kreditinstitute vereinbart wurden.

HANNS LINHARDT stellt den Rahmen dar, den die Bankpolitik als Bestandteil der Wirtschaftspolitik umfaßt. »Zur Bankpolitik gehört die Gestaltung der Bankwirtschaft, die Bestimmung ihrer Zielsetzung und die Verfolgung ihrer Einwirkung auf die übrige Wirtschaft. Hierzu würde auch die Anpassung der Bankwirtschaft an die wechselnden und wachsenden Aufgaben der staatlichen Wirtschaftspolitik, die Sicherung der Rechtsgrundlagen des Zentralbanksystems, die staatliche Aufsicht über die Geschäftsbanken, ihre Ausdehnung oder Einschränkung, die Bankfreiheit im Rahmen der Gewerbefreiheit, die rechtliche Regelung oder freiheitliche Entfaltung, die Förderung oder Beschränkung einzelner Kreditinstrumente, Kreditarten und Kreditinstitute rechnen.«[36] In seinen weiteren Betrachtungen unterscheidet auch LINHARDT die Bankpolitik in eine solche, bei der die Banken Subjekt sind, und in eine andere, die die Bankwirtschaft zum Objekt der Bankpolitik macht.

Schließlich formulieren GERHARD MÜLLER und JOSEF LÖFFELHOLZ Bankpolitik als »alle Maßnahmen, die zur Regelung des Geld- und Kapitalverkehrs sowie der Kreditorganisation ergriffen werden. Bankpolitik betreiben der Staat, die Zentralnotenbank, die kreditwirtschaftlichen Organisationen und der einzelne Bankbetrieb.«[37]

---

35 Vgl. Curt Eisfeld, Bankpolitik, in: Handwörterbuch der Betriebswirtschaft, Stuttgart 1956, S. 484.
36 Hanns Linhardt, Bankbetriebslehre, Bd. I, Köln-Opladen 1957, S. 155.
37 Gerhard Müller – Josef Löffelholz, Bank-Lexikon, 7. Aufl., Wiesbaden 1976, S. 276.

Unter Bankpolitik sind also zum einen, das haben diese Definitionen gezeigt, alle Maßnahmen zu verstehen, die von den Banken oder ihren Organisationen getroffen werden, um ihre speziellen wirtschaftlichen Zielsetzungen zu erreichen (Bankpolitik im engeren Sinne). Die Banken und ihre Organisationen sind dabei handelnde Subjekte, ihre Maßnahmen auf die Bankkunden gerichtet. Zum anderen versteht man unter Bankpolitik aber auch diejenigen Maßnahmen, die der Staat oder die Notenbank ergreifen, um die Geschäftspolitik der Kreditinstitute zu beeinflussen (Bankpolitik im weiteren Sinne). Die Banken und ihre Organisationen sind hier Objekte der Bankpolitik.

3.1.1. *Bankpolitik im weiteren Sinne*

3.1.1.1. *Bankpolitik des Staates*

Die vom Staat betriebene Bankpolitik ist ein Teil der allgemeinen Wirtschaftspolitik. Diese wiederum ist entweder Prozeßpolitik, Strukturpolitik oder Ordnungspolitik.

Mit Prozeßpolitik bezeichnet man die Beeinflussung des Wirtschaftsprozesses, des Wirtschaftsablaufs, der Konjunktur. Die Prozeßpolitik wirkt auf einzelne oder mehrere gesamtwirtschaftliche Größen wie Einkommen, Konsum, Sparen, Investitionen, Steuern, Staatsausgaben, Exporte und Importe ein.[38] Daß sie zugleich Bankpolitik sein kann, zeigen die folgenden Beispiele. Einkommensteuersenkungen erhöhen das verfügbare Einkommen der Bevölkerung und versprechen eine verstärkte Konsumgüternachfrage. Diese konjunkturpolitische Maßnahme ist gleichzeitig staatliche Bankpolitik, denn sie erhöht nicht nur das verfügbare Einkommen, sondern auch die Sparfähigkeit der Bevölkerung und hat damit Einfluß auf die Kreditinstitute. Dieser Einfluß setzt sich in der Bankpolitik der Kreditinstitute fort. Das gleiche gilt für Maßnahmen des Staates etwa zur Belebung der privaten Investitionstätigkeit. Zunächst ist dies eine Maßnahme der Konjunkturpolitik. Zugleich wird hiermit aber auch die Kreditpolitik der Banken gegenüber ihren Kunden beeinflußt. Fast jede prozeßpolitische Maßnahme, die das Ziel hat, gesamtwirtschaftliche Größen zu beeinflussen, ist direkt oder indirekt zugleich staatliche Bankpolitik.

Strukturpolitik ist die Beeinflussung der Wirtschaftsstruktur. Sie setzt bei Größen wie Bevölkerung, Raum, Bodenschätze, Wissenschaft, Technik, Sozialordnung und vorhandene Arbeitskraft an.[39] Strukturpolitik kann ebenfalls

---

38 Vgl. Gerhard Merk, Die Begriffe Prozeßpolitik, Strukturpolitik, Ordnungspolitik, in: Jahrbuch für Sozialwissenschaft, Bd. 26 (1975), S. 203.
39 Vgl. Merk, a. a. O., S. 205.

zugleich staatliche Bankpolitik gegenüber Kreditinstituten und ihren Verbänden sein. Zum Beispiel beeinflußt Strukturpolitik, die die verstärkte Nutzung moderner technologischer Erkenntnisse für mittelständische Betriebe zum Ziel hat, die Bankpolitik der Genossenschaftsbanken, die ihren Mitgliedern gegenüber Beratungsfunktionen dieser Art wahrnehmen.

Wie bei der Prozeßpolitik und der Strukturpolitik zeigt sich schließlich auch bei der Ordnungspolitik des Staates, daß nahezu jede diesbezügliche Maßnahme zugleich staatliche Bankpolitik ist und die Bankpolitik im engeren Sinne berührt. Ordnungspolitik ist die Beeinflussung der Organisationsform einer Volkswirtschaft.[40] »Sie sucht die Formen des Wirtschaftens zu gestalten oder die Bedingungen zu beeinflussen, unter denen sie entstehen.«[41] Eine staatliche Entscheidung etwa über die mancherorts geforderte Investitionslenkung wäre eine derartige ordnungspolitische Maßnahme und als solche auch staatliche Bankpolitik. Sie beeinflußt die Bankpolitik der Kreditinstitute gegenüber ihren Kunden. Das gleiche gilt für die Behandlung der Banken im Gesetz gegen Wettbewerbsbeschränkungen.

Dies alles zeigt, daß jede Maßnahme staatlicher Wirtschaftspolitik, erst recht jede Maßnahme staatlicher Bankpolitik, in die Gestaltung der Bankpolitik im engeren Sinne, also der Bankpolitik der Kreditinstitute selbst, einbezogen werden muß. Aus der Tatsache, daß die Maßnahmen des Staates nicht immer als bankpolitisch deklariert sind, erwächst den Bankenverbänden eine besondere Informationsaufgabe. Dies gilt um so mehr, je weniger deutlich der bankpolitische Inhalt solcher Entscheidungen des Staates ist.

3.1.1.2. Bankpolitik der Deutschen Bundesbank

Eindeutiger und direkter als die meisten staatlichen Entscheidungen beeinflussen die bankpolitischen Maßnahmen der Bundesbank die Bankpolitik der Kreditinstitute, denn gerade zu diesem Zweck werden sie getroffen. Sie erfolgen auf dem Hintergrund der speziellen Aufgabenstellung, die die Bundesbank aufgrund des Bundesbankgesetzes (BBankG) zu erfüllen hat.

Diese Aufgabe besteht darin, mit Hilfe der währungspolitischen Befugnisse, die ihr nach dem Gesetz zustehen, den Geldumlauf und die Kreditversorgung der Wirtschaft zu regeln, und zwar mit dem Ziel, die Währung zu sichern; weiterhin sorgt die Bundesbank für die bankmäßige Abwicklung des Zahlungsverkehrs im Inland und mit dem Ausland.[42] Dabei ist sie gemäß § 12 BBankG

---

40 Vgl. Merk, a. a. O., S. 209.
41 Walter Eucken, Grundsätze der Wirtschaftspolitik, 3., unveränd. Aufl., Tübingen-Zürich 1960, S. 242.
42 Vgl. § 3 des Gesetzes über die Deutsche Bundesbank vom 26. Juli 1957.

verpflichtet, »unter Wahrung ihrer Aufgabe die allgemeine Wirtschaftspolitik der Bundesregierung zu unterstützen. Sie ist bei der Ausübung der Befugnisse, die ihr nach diesem Gesetz zustehen, von Weisungen der Bundesregierung unabhängig.«

Mögliche Mittel für kreditpolitische Maßnahmen der Bundesbank sind die Diskont-, Lombard-, Offenmarkt-, Mindestreserve- und Swapsatzpolitik. Diese Instrumente beeinflussen die Bankpolitik der Banken im wesentlichen allesamt dadurch, daß sie direkt oder indirekt den Refinanzierungsspielraum der Banken oder die Konditionen dieser Refinanzierung einengen oder erweitern. Sie setzen an wichtigen Grundsätzen des Bankgeschäftes[43] an und erhalten von daher ihre Wirksamkeit.

Generell gilt hinsichtlich der Bundesbankpolitik, daß durch sie die Begrenzung der eigenen bankpolitischen Gestaltungsmöglichkeiten der Kreditinstitute, und auch ihrer Verbände, abgesteckt wird. Notenbank und Staat gemeinsam setzen mit ihrer Bankpolitik im weiteren Sinne den Rahmen, in dem sich die autonome Bankpolitik der Kreditinstitute, die Bankpolitik im engeren Sinne, entfalten kann.

3.1.2. Bankpolitik im engeren Sinne

Träger der Bankpolitik im engeren Sinne sind die Kreditinstitute und ihre Verbandsorganisationen. Während die Kreditinstitute im Rahmen einer Bankpolitik im weiteren Sinne die Betroffenen sind, kommt ihnen hier der Status der aktiv Handelnden zu.

Unter Bankpolitik im engeren Sinne sind die Maßnahmen zu verstehen, die von den einzelnen Banken oder ihren Organisationen getroffen werden, um ihre speziellen wirtschaftlichen Zielsetzungen zu erreichen. So getroffene Maßnahmen können eingeordnet werden in drei Bankgrundsätze, deren Einhaltung generelles Ziel einer jeden Bankpolitik im engeren Sinne ist.

Es sind dies

— der Grundsatz der Sicherheit,
— der Grundsatz der Liquidität und
— der Grundsatz der Rentabilität.

Diese generelle Feststellung schließt nicht aus, daß die drei zitierten Bankgrundsätze bei den einzelnen Bankengruppen, zum Beispiel hinsichtlich Rahmen und Umfang, interpretationsbedürftig sind. Von den verschiedenen Bankengruppen wird den einzelnen Bankgrundsätzen verschiedenes Gewicht beigemessen.[44]

---

43 Vgl. das folgende Kapitel.
44 Vgl. Karl Friedrich Hagenmüller, Der Bankbetrieb, Bd. III, 4. Aufl., Wiesbaden 1977, S. 299 ff.

Das hängt mit ihrer jeweiligen Aufgabenstellung und der Besonderheit ihrer Geschäftspolitik zusammen. Die Besonderheiten in der Bankpolitik der Genossenschaftsbanken und ihrer Verbandsorganisation herauszuarbeiten, ist das Hauptziel dieser Darstellung.

Bankpolitik ist also, noch einmal zusammenfassend festgestellt, zum einen Bankpolitik des Staates. Als solche stellt sie einen Teil der Wirtschaftspolitik dar, Wirtschaftspolitik mit speziellen Zielsetzungen. Zum anderen ist Bankpolitik auch Bankpolitik der Bundesbank. Beide Institutionen, Staat und Bundesbank, richten ihre bankpolitischen Maßnahmen auf die Kreditinstitute hin aus. Die Banken sind Objekte dieser Bankpolitik, die wir als Bankpolitik im weiteren Sinne bezeichnen.

Darüber hinaus ist Bankpolitik nicht zuletzt Bankpolitik der Banken selbst. Hier sind die Banken nicht Objekt, sondern Subjekt der Bankpolitik. Sie üben Bankpolitik gegenüber ihrer Kundschaft unter Beachtung der Grundsätze Sicherheit, Liquidität und Rentabilität aus. Dies ist die Bankpolitik im engeren Sinne (vgl. Übersicht 10).

Genossenschaftliche Bankpolitik kann also nur Bankpolitik im engeren Sinne, ausgestattet mit spezifischen Merkmalen, sein. Unterscheidet sich aber die Bankpolitik der Genossenschaftsbanken von der anderer Banken, so muß dies auch für die verbandlichen Zusammenschlüsse der Volksbanken und Raiffeisenbanken sowie sämtliche anderen von ihnen geschaffenen Institutionen gelten.

3.2. Genossenschaftliche Bankpolitik

3.2.1. Die Trägerschaft durch die Volksbanken und Raiffeisenbanken

Genossenschaftliche Bankpolitik wird in erster Linie und in jedem Fall unmittelbar von den Volksbanken und Raiffeisenbanken ausgeübt. Diese sind es, die von der mittelständischen örtlichen Wirtschaft zur eigenen Nutzung geschaffen wurden und die den Bankkunden direkt gegenübertreten. Genossenschaftliche Bankpolitik wird grundlegend gestaltet und getragen von den Kreditgenossenschaften der Ortsebene. Sie sind immer die unmittelbaren Träger genossenschaftlicher Bankpolitik.

Wie wir sahen, sind Sicherheit, Liquidität und Rentabilität die betriebswirtschaftlichen Grundsätze, nach denen alle Kreditinstitute ihre Bankpolitik betreiben. Sie stellen das ›magische Dreieck‹ jeder Bankpolitik dar. Dabei haben Liquidität und Sicherheit den Rang von Nebenbedingungen zur Erzielung hoher

Übersicht 10
Bankpolitik und ihre Komponenten

Bankpolitik	= Bankpolitik des Staates und der Bundesbank	= Bankpolitik im weiteren Sinne
	= Bankpolitik der Banken und ihrer Verbände	= Bankpolitik im engeren Sinne

Rentabilität.[45] Das Streben nach Rentabilität bildet den Kern jeder bankpolitischen Tätigkeit im engeren Sinne.

Überwiegend wird unterstellt, daß das oberste Ziel jeder Unternehmung die Erreichung einer bestimmten geplanten Rentabilität ist. Für die Genossenschaftsbanken gilt das in dieser Form jedoch nicht. Für sie steht die Förderung ihrer Mitglieder als Unternehmensziel an erster Stelle. Das heißt mit anderen Worten: *Die Genossenschaftsbanken können das Rentabilitätsziel nur unter Beachtung des genossenschaftlichen Förderungsauftrages verfolgen.*

Jede Kreditgenossenschaft ist geschaffen worden, um ihre Mitglieder zu fördern. In der Förderung der Mitglieder, die überwiegend aus dem wirtschaftlichen Mittelstand kommen, besteht der Grundauftrag jeder Kreditgenossenschaft. Dieser Förderungsauftrag ist »die tragende und oberste Grundnorm«.[46] Sie findet sich im Genossenschaftsgesetz und in den Satzungen der Kreditgenossenschaften verankert.

Was Förderung bedeutet, ist verschiedentlich versucht worden zu definieren. Für die Genossenschaftsbanken hat wohl die Definition des Förderungsauftrages durch GEORG DRAHEIM die größte Aussagekraft: »Handele so, daß möglichst viele Mitglieder ihre (objektiven) Interessenlagen durch die Genossenschaft berücksichtigt finden, die Genossenschaft ihrerseits dabei aber wettbewerbsfähig bleibt.«[47]

45 Vgl. Ludwig Mülhaupt – Peter Dolff, Die Zielplanung in Genossenschaftsbanken, in: Kredit und Kapital, 8. Jg., 1975, S. 499.
46 Reinhold Henzler, Der genossenschaftliche Grundauftrag – Gedanklicher Kern genossenschaftlicher Arbeit, in: Ders., Der genossenschaftliche Grundauftrag: Förderung der Mitglieder, Frankfurt am Main 1970, S. 195.
47 Georg Draheim, Aktuelle Grundsatzprobleme des Genossenschaftswesens. Festvortrag zum 25jährigen Bestehen des Instituts für Genossenschaftswesen an der Philipps-Universität Marburg (Lahn), Marburg 1972, S. 8.

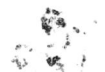

Dabei kann eine Genossenschaftsleitung »heute in der Regel nicht auf die Äußerung von Wünschen und Aufträgen von Mitgliedern warten, um hernach die erforderlichen ›Gegengeschäfte‹ abzuschließen; sie muß eigene Initiative entfalten und ständig Vorsorge dafür treffen, daß sie gegenwärtigen und künftigen Bedürfnissen und Wünschen der Mitglieder entsprechen kann. Das ist der Auftrag der Mitglieder an ihre Genossenschaft, der — auch wenn er nie von den Mitgliedern ausgesprochen wird — als von ihnen erteilt angenommen werden muß, denn auf seine Ausführung sind ihre Erwartungen gerichtet.«[48]
Genossenschaftsbanken fördern ihre Mitglieder durch besondere Kredit- und Sparprogramme, Finanzierungs- und Anlageberatung.[49] Darüber hinaus umfaßt die Förderung der Genossenschaftsbanken die Gestaltung der Konditionen des täglichen Geschäftes. Eine empirische Untersuchung des Instituts für Kreditwesen an der Universität Münster zeigt, daß bei einem »Vergleich der Konditionen im Einlagen- und Kreditgeschäft der Kreditgenossenschaften mit denen der wichtigsten Konkurrenzinstitute in sechs ausgewählten Städten unterschiedlicher Größenordnung ... die Spar- und Darlehnskassen in allen Fällen die günstigsten Konditionen geboten haben, während die Konditionen der Volksbanken im allgemeinen etwa denen der Sparkassen entsprachen, teilweise aber auch höher lagen. In allen Fällen lagen sie jedoch unter denen der Großbanken.«[50]
Die Volksbanken und Raiffeisenbanken fördern heute nicht nur ihre Mitglieder, sondern auch Nichtmitglieder-Kunden. Sie fördern also den Mittelstand schlechthin. Dies geschieht aber mit der Zielsetzung, langfristig auch die Nichtmitglieder-Kunden als Mitglieder zu gewinnen. Seit der Neufassung des Genossenschaftsgesetzes im Jahre 1974 ist eine Mitgliedschaft nicht mehr notwendige Voraussetzung für eine debitorische Geschäftsbeziehung zwischen Genossenschaftsbank und Kunde. Aktiv- und Passivgeschäfte der Volksbanken und Raiffeisenbanken werden heute sowohl mit Mitgliedern als auch mit Nichtmitgliedern abgeschlossen.
Insgesamt hat der Förderungsauftrag der Kreditgenossenschaften den Mittelstand als Zielgruppe. Die Bankpolitik der Kreditgenossenschaften ist zugleich mitglieder- und mittelstandsbezogen. Das beinhaltet etwas Weiteres: Für die Kreditgenossenschaft ist der mittelständische Kundenkreis nicht Mittel zum Zweck des eigenen Bestehens, sondern die Kreditgenossenschaft ist Mittel zum Zweck der Erhaltung des Mittelstandes.

48 Henzler, Der genossenschaftliche Grundauftrag, a. a. O., S. 194.
49 Die Kölner Bank von 1867 eG Volksbank hat in ihren letzten Geschäftsberichten versucht, den Förderungsaufwand in einer Sozialbilanz als einer speziellen gesellschaftsbezogenen Zusatzbilanz neben der offiziellen Rechnungslegung zu erfassen. Sie ist die erste deutsche Bank, die diesen Versuch unternommen hat.
50 Mülhaupt, a. a. O., S. 509.

Das Besondere der genossenschaftlichen Bankpolitik besteht also in dem Nebeneinander von Rentabilitätsstreben und Förderungsauftrag. Während hinsichtlich Sicherheit und Liquidität bei den Genossenschaftsbanken die gleichen Vorstellungen bestehen wie bei den anderen Universalbankengruppen, gilt dies nicht hinsichtlich der Rentabilität. Der Grundsatz der Rentabilität wird bei den Genossenschaftsbanken entscheidend tangiert durch den gesetzlich erteilten Förderungsauftrag.» Infolgedessen kann bei den Kreditgenossenschaften von einem im Interesse der Mitglieder eingeschränkten erwerbswirtschaftlichen Streben gesprochen werden.«[51]

Die Frage nach dem *Spezifischen* der genossenschaftlichen Bankpolitik reduziert sich darauf, *wie der genossenschaftliche Förderungsauftrag bei den Genossenschaftsbanken verwirklicht wird und in welcher Weise seine Erfüllung den Grundsatz der Rentabilität beeinflußt.*

Einerseits erwarten die Mitglieder von den Genossenschaftsbanken unter dem Gesichtspunkt der Sicherung und des Ausbaus der Förderungskapazität eine hohe Rentabilität, andererseits verursachen die spezifischen Verpflichtungen zur Vorteilsgewährung für die Mitglieder und den mittelständischen Kundenkreis gerade das Gegenteil, nämlich eine weniger hohe Rentabilität der Genossenschaftsbanken. Aus dieser Gegenüberstellung wird deutlich, wie intensiv das Rentabilitätsstreben der Kreditgenossenschaft mit dem genossenschaftlichen Grundauftrag der Förderung verbunden ist. Die Rentabilität erfährt durch ihn eine Grenzziehung.

Infolgedessen haben die Genossenschaftsbanken auch zum Gewinn ein besonderes Verhältnis. Keine Kreditgenossenschaft kann als Folge ihrer mittelstandsbezogenen Bankpolitik eine absolute Gewinnmaximierung anstreben. Sie gibt sich aber auch nicht damit zufrieden, lediglich eine Kostendeckung ihrer Leistungen zu erzielen. Vielmehr hat der Gewinn so gestaltet zu sein, daß er der Kreditgenossenschaft mindestens zwei Dinge erlaubt, nämlich

— eine Rücklagenbildung für Risiken der Geschäftstätigkeit und
— eine angemessene und kontinuierliche Dividendenzahlung an die Mitglieder.

Diese besondere Gewinngestaltung findet sich auch in der Praxis, wie aus Selbstdarstellungen von Genossenschaftsbanken hervorgeht. So heißt es etwa: »Als Kreditgenossenschaft haben wir primär den genossenschaftlichen Förderungsauftrag nach § 1 des Genossenschaftsgesetzes zu erfüllen. Fördern bedeutet, den Mitgliedern Vorteile zu gewähren, sie zu beraten und umfassend zu betreuen, ihre Sache zur Sache der Bank zu machen. Um diesen genossenschaftlichen Förderungsauftrag erfüllen zu können, müssen wir uns auch ökonomische Ziele setzen. Wir müssen zum Beispiel für eine angemessene Rendite des Eigenkapitals und für eine kontinuierliche Dividendenpolitik sorgen, um unser

51 Hagenmüller, Der Bankbetrieb, Bd. III, a. a. O., S. 301.

Eigenkapital zu stabilisieren. Wir müssen uns um Wachstum des Geschäftsvolumens zumindest in dem Maße bemühen, in dem Kostensteigerungen nur durch Wachstum aufgefangen werden können. Wir müssen, um den Förderungsauftrag voll zu erfüllen, den Universalbankcharakter aufrechterhalten und dem jeweiligen Anspruchsniveau anpassen. Über die ökonomischen Ziele hinausgehend, stellen wir uns die Aufgabe, den bedrängten Mittelstand nach Kräften zu unterstützen und seine Interessen entweder selbst oder über die Verbände, denen wir angeschlossen sind, nach außen zu vertreten.«[52]

Von anderer Seite heißt es: »Der Gewinn nimmt auch bei einer Genossenschaft innerhalb der Geschäftspolitik einen dominierenden Platz ein. Wir stehen, wie andere Wirtschaftsunternehmen, unter dem Zwang, Gewinn zu erwirtschaften, denn wir sind ein Teil des Marktes und ohne Privilegien dem Konkurrenzkampf ausgesetzt. Dennoch haben wir zum Gewinn das einer Genossenschaft gebührende spezifische Verhältnis.«[53]

Der Gewinn unterscheidet sich aber wesentlich von den Gewinnvorstellungen anderer privatwirtschaftlicher Unternehmen. »Der genossenschaftliche Gewinn stellt ein ›spezifisches Gewinnminimum‹ dar und hat folgende Anforderungen abzudecken:
— marktgerechte Dividenden für die Geschäftsguthaben
— Rücklagenbildung in einer Höhe, die den Verhältnissen von gesunden Marktkonkurrenten entsprechen
— Sicherung künftiger Investitionen
— Reserven für Normalrisiken des spezifischen Geschäftsbereiches.
Hieraus ist zu ersehen, daß der genossenschaftliche Gewinn kein ›Gewinnmaximum‹ sein kann, sondern es handelt sich um ein ›optimales Gewinnminimum‹, und das ist einer der Unterschiede einer Genossenschaft gegenüber anderen Unternehmensformen.«[54]

Zusammenfassend ist also festzustellen: Genossenschaftliche Bankpolitik wird generell nach den Grundsätzen der Sicherheit, Liquidität und Rentabilität betrieben. Dabei wird der Grundsatz der Rentabilität durch besondere Nebenbedingungen beeinflußt: einerseits dadurch, daß alle von der Kreditgenossenschaft als Universalbank getroffenen Maßnahmen verpflichtend mitglieder- und mittelstandsbezogen sein müssen, andererseits dadurch, daß der Gewinn unter Beachtung angemessener Eigenkapital- und Reservenbildung für die Kreditgenossenschaft angemessen und ausreichend ist. Die unter diesen Aspekten gestaltete Angebotspalette der Kreditgenossenschaften wird in ihrer Wirkung unterstützt durch ihren örtlichen Zuschnitt und ihre kundennahe Handhabung.

52 Kölner Bank von 1867 eG Volksbank, Geschäftsbericht 1976, S. 9.
53 Cannstatter Volksbank eG, Geschäftsbericht 1976, S. 12.
54 Cannstatter Volksbank eG, Geschäftsbericht 1975, S. 11.

3.2.2. Genossenschaftliche Bankpolitik im Verbund

3.2.2.1. Der Verbund

Die Kreditgenossenschaften sind von unterschiedlicher Größe. Das resultiert schon aus der Verschiedenheit der Wirtschaftsräume, in denen sie wirken. Allgemein läßt sich beobachten, daß die Kreditgenossenschaften in ländlichen Räumen eine durchschnittlich geringere Betriebsgröße aufweisen als die Genossenschaftsbanken in den Städten.

Zunächst bestimmt die eigene Leistungskraft einer Genossenschaftsbank Umfang und Gehalt ihres Angebotes. Entsprechend den unterschiedlichen Größen der Kreditgenossenschaften differiert diese Leistungskraft. Das Angebot jeder örtlichen Genossenschaftsbank muß aber mit allen Angeboten der Kreditwirtschaft, wie sie im Wirkungsbereich der Genossenschaftsbank erfolgen, konkurrieren können, ja sogar im Interesse der Förderung ihrer Mitglieder wirtschaftliche Vorteile beinhalten. Deshalb ist die Angebotspalette der Kreditgenossenschaften zu ergänzen; das ist nur möglich durch die Leistungen des kreditgenossenschaftlichen Verbundes.

Auch unter einem anderen Gesichtspunkt wird die Leistungsfähigkeit der örtlichen Genossenschaftsbanken durch den Verbund erhöht. Im Verlauf der konjunkturellen und saisonalen Entwicklung wechseln Zeiten, in denen die Einlagenzuflüsse der Volksbanken und Raiffeisenbanken nicht ausreichend im Kreditgeschäft Anlage finden können, mit Zeiten, in denen der Kreditbedarf durch die Einlagenzuflüsse nicht gedeckt werden kann. Außerdem gibt es, unabhängig von dem strukturellen Liquiditätsüberschuß der Gruppe der Genossenschaftsbanken als Ganzes, ständig Genossenschaftsbanken mit überschüssiger Liquidität und solche, die einen Bedarf an Liquidität haben. Hier verschafft der zeitliche und örtliche Liquiditätsausgleich im Rahmen des Verbundes den Genossenschaftsbanken die für eine leistungsfähige Bankpolitik notwendige Beweglichkeit. Auf der Grundlage des Verbundes arbeitet jede der 4 800 Volksbanken und Raiffeisenbanken als wettbewerbsfähige Universalbank.

Der Begriff des Verbundes wurde außerhalb des Bereiches der Genossenschaftsbanken geprägt. Er meint zumeist eine Form wirtschaftlicher Zusammenarbeit, bei der Energie und Rohstoffe verschiedener Erzeugungsstätten ausgeglichen werden. So wird beispielsweise in der Energiewirtschaft die gegenseitige Förderung und Unterstützung verschiedener Werke als Verbundwirtschaft bezeichnet.[55]

Der Genossenschaftsverbund ist »die wechselseitige Funktionsteilung und -verbindung von Genossenschaftsgebilden auf verschiedenen ... nachgelagerten

55 Vgl. Horst Claus Recktenwald, Verbundwirtschaft, in: Wörterbuch der Wirtschaft, 7. Aufl., Stuttgart 1975.

Wirtschaftsstufen«.[56] REINHOLD HENZLER bezeichnet den Verbund im Bereich der Genossenschaften als »die freiwillige und planmäßige Verbindung von Mitgliederbetrieben, einzelgenossenschaftlichen und zentralgenossenschaftlichen Betrieben, die, um die Förderung der Mitglieder der Einzelgenossenschaften zu steigern, funktional zusammenarbeiten sollen«.[57]

Der Verbund der Genossenschaftsbanken umfaßt die Kreditgenossenschaften, die regionalen genossenschaftlichen Zentralbanken, die DG BANK Deutsche Genossenschaftsbank sowie die Spezial-Verbundinstitute. Aufgrund der Verschärfung des Wettbewerbs auf den Finanzmärkten, der immer stärker den Charakter eines Gruppenwettbewerbs angenommen hat, ist die Zusammenarbeit im Verbund der Genossenschaftsbanken im letzten Jahrzehnt deutlich intensiviert worden. Auch für die Leistungssteigerung der Genossenschaftsbanken in der Zukunft wird einer Intensivierung des Verbundes besondere Bedeutung beigemessen.[58]

Die planmäßige Kooperation der Volksbanken und Raiffeisenbanken mit ihren regionalen genossenschaftlichen Zentralbanken, den Verbundinstituten und ihrem Spitzeninstitut, der DG BANK Deutsche Genossenschaftsbank — das ist der Inhalt verbundmäßiger Zusammenarbeit. Eine solche Kooperation kann nicht angeordnet werden, sondern sie muß freiwillig erfolgen. Das erfordert viel Überzeugungskraft. Vor allem muß deutlich sein, daß der Verbund keine Einbahnstraße ist, das heißt, daß innerhalb des Verbundes der Genossenschaftsbanken Leistungen nicht ausschließlich von oben nach unten erbracht werden können. Wenn auch die Leistungskraft der regionalen genossenschaftlichen Zentralbanken, der Verbundinstitute und der DG BANK erhalten und ausgebaut werden soll, bedarf dieses Ziel der Unterstützung aller Glieder des Verbundes.

Mit dem Verbund haben sich die Volksbanken und Raiffeisenbanken ein Wettbewerbsinstrument geschaffen, das die Nachteile kleinerer Betriebsgrößen beseitigt und deren Vorteile erhält: Zum einen können die Genossenschaftsbanken ihren mittelständischen Kunden die räumliche Nähe und selbständige Entscheidungskompetenz bieten. Das ermöglicht den persönlichen Kontakt zwischen Bankleitung und Kunden und schnelle Entscheidungen, was insbesondere im Kreditgeschäft geschätzt wird. Beide Faktoren waren für die gestärkte Markt-

---

56 Reiner Pfüller, Der Genossenschaftsverbund, Göttingen 1964, Vorwort.
57 Reinhold Henzler, Der Genossenschaftsverbund und die Verbundführung, in: Zeitschrift für das gesamte Genossenschaftswesen, Bd. 14 (1964), S. 440.
58 Vgl. Georg Draheim, Ansprache, in: 12. Kreditwirtschaftliche Fachtagung für Leiter von Kreditgenossenschaften (Mayschosser Gespräche 1965 in Bad Ems), S. 19 f. und Siegfried Holzer, Verstärkter genossenschaftlicher Verbund in Geld und Kredit, in: Genossenschaften und Genossenschaftsforschung. Festschrift zum 65. Geburtstag von Georg Draheim, 2., unveränd. Aufl., Göttingen 1971, S. 561.

stellung der Genossenschaftsbanken während der letzten zwei Jahrzehnte von erheblicher Bedeutung.[59]

Zum anderen werden die örtlichen Genossenschaftsbanken mit Hilfe des Verbundes in die Lage versetzt, dem Mittelstand ein Leistungsangebot zu präsentieren, das in Breite und Tiefe dem Angebot der größeren Konkurrenten zumindest um nichts nachsteht. Die Produktionskosten dieser Leistungen können durch die gemeinsame Erstellung im Verbund in vertretbaren Grenzen gehalten werden, so daß die Leistungsangebote preislich zumindest nicht die Offerten der Konkurrenten überschreiten. Die Ausstattung auch der kleinsten Genossenschaftsbank mit einem universellen Angebot an Dienstleistungen wäre ohne den genossenschaftlichen Verbund nicht denkbar.

Der genossenschaftliche Verbund garantiert somit der einzelnen Volksbank und Raiffeisenbank

— Unabhängigkeit,
— Sicherheit,
— ein universelles Leistungsangebot und
— eine marktkonforme Konditionenpolitik.

Er ermöglicht es jeder örtlichen Volksbank und Raiffeisenbank, und zwar unabhängig von ihrer Größe und eigenen Leistungskraft, ihre Bankpolitik so zu gestalten, daß der mittelständischen Kundschaft eine geldwirtschaftliche Versorgung nach ihren Vorstellungen und Wünschen geboten werden kann.

3.2.2.2. Regionale genossenschaftliche Zentralbanken

Sowohl SCHULZE-DELITZSCH als auch RAIFFEISEN hatten bereits erkannt, daß auf der Basis der jeweils einzelnen Kreditgenossenschaft der Ausgleich zwischen dem durch die Einlagen entstehenden Geldangebot und dem durch die Kreditnachfrage auftretenden Geldbedarf ein unlösbares Problem darstellte. »Infolge der lokalen Begrenzung der Kreditgenossenschaften sowie infolge öfter zu geringer Differenzierung in der Berufszugehörigkeit der Mitglieder oder schließlich auch aufgrund saisonaler Einflüsse kam es immer wieder vor, daß bei ihnen entweder Geldüberschüsse oder Geldnachfrage das Übergewicht hatten.«[60]

Um diesen Liquiditätsausgleich und darüber hinaus den Zugang zu den Geld- und Kapitalmärkten zu bewerkstelligen, um ferner den buchmäßigen Ausgleich des Überweisungs- und Scheckverkehrs der angeschlossenen Kreditgenossen-

59 Vgl. Joachim Süchting, Zuwachsraten im verteilten Markt, Westdeutsche Genossenschafts-Zentralbank eG, Düsseldorf (Hrsg.), Düsseldorf 1978.
60 Helmut Faust, Die Zentralbank der deutschen Genossenschaften, Frankfurt am Main 1967, S. 21.

schaften und die Übernahme des Wechselinkassos zu besorgen, waren schon recht früh genossenschaftlich getragene Zentralgeldinstitute geschaffen worden. Raiffeisen hatte auf regionaler Ebene 1872 die Rheinische landwirtschaftliche Genossenschaftsbank eG und 1874 die Landwirtschaftliche Centralkasse für das Großherzogtum Hessen eG sowie die Westfälische Landwirtschaftliche Bank eG gegründet. Diese konnten jedoch ihren Geschäftsbetrieb nicht aufnehmen und wurden wieder aufgelöst, weil das damalige Genossenschaftsgesetz noch keine Möglichkeit zur Bildung von Zentralgenossenschaften durch Lokalgenossenschaften vorsah.

Mit dem Erlaß des Genossenschaftsgesetzes von 1889 wurde die Bildung von Zentralen in der Rechtsform von Genossenschaften zugelassen. Nun entstanden mehr und mehr regionale Zentralkassen, die damals meist als Verbandskassen bezeichnet wurden. Die ersten regionalen genossenschaftlichen Zentralbanken auf dem ländlichen Sektor entstanden 1890 mit der Landesgenossenschaftskasse Hannover und der Verbandskasse Neiße,[61] auf dem gewerblichen Sektor 1893 mit der Zentralgenossenschaftskasse Hannover.[62]

Ziel der Gründung von Zentralbanken war es, die sich aus der dezentralen Struktur und der lokalen Begrenzung der Kreditgenossenschaften ergebenden Nachteile in der Gestaltung des Leistungsangebotes auszugleichen. Ihr Auftrag war und ist die Erhöhung der Leistungsfähigkeit der Primärgenossenschaften. Heute gibt es in der Bundesrepublik Deutschland neun regionale Zentralbanken.

Bei der Bankpolitik der regionalen Zentralbanken bestehen Parallelen zu der der Kreditgenossenschaften. Ebenso wie die Bankpolitik der Kreditgenossenschaften ist die der Zentralbanken mitglieder- und mittelstandsbezogen. Mitglieder der Zentralbanken sind vor allem die regional zugehörigen genossenschaftlichen Kreditinstitute. Genossenschaftliche Bankpolitik der Zentralbanken will durch geeignete Maßnahmen jeder Art die angeschlossenen Kreditgenossenschaften in die Lage versetzen, der mittelständischen Kundschaft optimale, wettbewerbsfähige Leistungen anbieten zu können. Darin besteht der Förderungsauftrag der Zentralbanken.

Auch hinsichtlich des Gewinnstrebens unterscheidet sich die Bankpolitik der regionalen Zentralbanken grundsätzlich nicht von der der Genossenschaftsbanken. »Wie andere genossenschaftliche Bankunternehmen sind die genossenschaftlichen Zentralbanken darauf angewiesen, ihr Eigenkapital so anzureichern und in seiner Zusammensetzung nach Geschäftsguthaben einerseits und nach Reserven andererseits so zu strukturieren, daß ihre volle Funktionsfähigkeit ge-

---

61 Vgl. Faust, Geschichte der Genossenschaftsbewegung, a. a. O., S. 542.
62 Vgl. Faust, Geschichte der Genossenschaftsbewegung, a. a. O., S. 554.

währleistet ist. Insoweit müssen sie ebenso wie die . . . Kreditgenossenschaften Erträge erstreben und erzielen.«[63]

Maßnahmen der Zentralbanken dienen dem Mittelstand auf dem Weg über die Kreditgenossenschaften. Insofern ist von einer mittelbaren genossenschaftlichen Bankpolitik der Zentralbanken zu sprechen. Darüber hinaus betrifft die Mitglieder- und Mittelstandsbezogenheit auch Kunden, die von den Zentralbanken — generell in Übereinstimmung mit den örtlichen Kreditgenossenschaften — direkt betreut werden. Insofern betreiben die regionalen Zentralbanken wie die örtlichen Kreditgenossenschaften auch unmittelbare genossenschaftliche Bankpolitik. Ihr Umfang ist jedoch geringer als der der mittelbaren genossenschaftlichen Bankpolitik.

Die regionalen genossenschaftlichen Zentralbanken fungieren in erster Linie als Hilfs- und Ergänzungswirtschaften für die örtlichen genossenschaftlichen Kreditinstitute.[64] Sie sind also ebenfalls Träger der genossenschaftlichen Bankpolitik, doch ist ihre Funktion dienender Art, und zwar für die Genossenschaftsbanken im Rahmen des Verbundes. Sie betreiben vorwiegend mittelbare, in begrenztem Umfang auch unmittelbare genossenschaftliche Bankpolitik.

Die regionalen genossenschaftlichen Zentralbanken verbessern mit ihrer Bankpolitik die vergleichsweise geringere Betriebselastizität der örtlichen Genossenschaftsbanken, und zwar in der Weise, daß sie den Volksbanken und Raiffeisenbanken ihre Unterstützung bei der Erstellung von Spezialleistungen, die Benutzung eines großen zentralen Erfahrungsschatzes und Hilfestellung bei den geschäftlichen Operationen der Bank anbieten.[65] Mit ihrer Politik wirken sie marktverbindend, kostensenkend und leistungssteigernd.[66] Die regionalen genossenschaftlichen Zentralbanken sind ein wichtiges, integrierendes Glied in der kreditgenossenschaftlichen Verbundkette.

Die Aufgabe der Mitgliederförderung gilt für alle bestehenden neun regionalen genossenschaftlichen Zentralbanken. Sie gilt auch für jene, die seit einigen Jahren in der Rechtsform einer Aktiengesellschaft betrieben werden. Diese Institute sind nämlich nach wie vor an den genossenschaftlichen Grundauftrag gebunden. Sie führen ihren genossenschaftlich-bankpolitischen Auftrag jetzt gegenüber Aktionären durch, bei denen es sich aber weiterhin um Volksbanken und Raiffeisenbanken handelt. Die Kontinuität genossenschaftlicher Bankpolitik bleibt durch die Besetzung des Aufsichtsrates dieser Zentralbanken mit Ver-

63 Bernhard Schramm, Ertrag und Ertragsstreben im kreditgenossenschaftlichen Verbund, in: Der Volksbank-Betrieb, H. 3/4 (1971), S. 18.
64 Vgl. Georg Draheim, Zur Ökonomisierung der Genossenschaften, Göttingen 1967, S. 143.
65 Vgl. Draheim, Zur Ökonomisierung, a. a. O., S. 153.
66 Vgl. Eduard Petzold — Klaus Preiß, Die Zentralkassen — heute und morgen, in: 75 Jahre Zentralkasse nordwestdeutscher Volksbanken eGmbH, Hannover-Hamburg 1968, S. 62.

tretern der Volksbanken und Raiffeisenbanken sowie Repräsentanten mittelständischer Organisationen erhalten.

Auch durch die genossenschaftliche Bankpolitik der Zentralbanken wird es also
den Genossenschaftsbanken ermöglicht, dem Mittelstand ein marktkonformes,
universell ausgerichtetes Angebot an Bankleistungen vorzulegen. Damit sind
alle Genossenschaftsbanken in der Lage, ihren Kunden mindestens die gleichen
Leistungen anzubieten wie ihre Konkurrenten. Die Vorteile der größtmöglichen
Kundennähe und der dezentralen Entscheidungskompetenz bleiben dabei erhalten.

3.2.2.3. DG BANK Deutsche Genossenschaftsbank

Die DG BANK Deutsche Genossenschaftsbank fungiert als Spitzeninstitut
innerhalb des dreistufigen Aufbaus der Genossenschaftsbanken. Ihre Bankpolitik und die ihrer Funktionsvorläufer als Spitzeninstitute im Verbund der Genossenschaftsbanken lassen sich bis in das vorige Jahrhundert hinein zurück-
verfolgen.

Obwohl sich im Bereich der deutschen Kreditgenossenschaften nach der Einführung des Genossenschaftsgesetzes von 1889 regionale Zentralinstitute auf
dem Wege der Selbsthilfe gebildet hatten, »war diesen doch der erstrebte
durchschlagende Erfolg nicht zuteil geworden. Zumeist fehlte ihnen, da sie nur
von einzelnen Genossenschaftsgruppen getragen wurden, die notwendige breite
Geschäftsbasis. Vor allem aber hatte sich erwiesen, daß die ihnen zugedachte
Ausgleichsfunktion zwischen Geldangebot und Geldnachfrage nicht immer voll-
kommen wirksam wurde. Geldquellen außerhalb der genossenschaftlichen Kreditwirtschaft, deren Inanspruchnahme oft dringend erforderlich gewesen wäre,
konnten nicht immer in befriedigender Weise erschlossen werden... Im übrigen
ist bei allen diesen genossenschaftlichen Zentralinstituten für die ihnen gestell-
ten höheren Aufgaben die Kapitalbasis zu schwach gewesen.«[67]

Diesen Mängeln sollte eine Neugründung begegnen, die auf dem Gebiet des
Genossenschaftswesens und des Bankwesens überhaupt etwas gänzlich Neues
darstellte. 1895 entstand die Preußische Central-Genossenschaftskasse (Preußenkasse). Sie wurde kraft Gesetzes als Anstalt des öffentlichen Rechts errichtet,
vom Preußischen Staat mit einem Grundkapital von fünf Millionen Mark ausgestattet und staatlicher Aufsicht und Leitung unterstellt.

Die Preußenkasse hatte die bankpolitische Aufgabe, die Gewährung des Perso-
nalkredits durch die örtlichen Kreditgenossenschaften an ihre mittelständischen

---

67 Faust, Die Zentralbank, a. a. O., S. 23.

Mitglieder zu fördern. Aufgrund dieser Aufgabenstellung und damit verbundener Sicherheitsüberlegungen arbeitete die Preußenkasse grundsätzlich nicht direkt mit den lokalen Genossenschaftsbanken, sondern nur mit den regionalen genossenschaftlichen Zentralbanken zusammen. Die regionalen Zentralbanken waren am besten in der Lage, die Kreditfähigkeit der Genossenschaftsbanken und ihrer Kreditnehmer zu beurteilen.

Diese Zusammenarbeit der Preußenkasse mit den regionalen genossenschaftlichen Zentralbanken vollzog sich in der Regel so, daß die Preußenkasse den regionalen genossenschaftlichen Zentralbanken Haftsummenkredite zur Verfügung stellte. Da die bankmäßig üblichen Sicherheiten bei der Kreditgewährung der Volksbanken und Raiffeisenbanken an ihre Mitglieder nicht immer zu erlangen waren, machte die Preußenkasse die Haftsummen der Genossenschaften zur Grundlage ihrer Kreditsicherung. Die Bewertung der persönlichen Haftpflicht erfolgte aufgrund der dahinterstehenden Vermögenswerte. Diese wurden zumeist auf der Basis der Steuererklärungen der Mitglieder ermittelt. Damit wurde die persönliche Leistungsfähigkeit der Angehörigen des Mittelstandes als Kreditunterlage bankfähig gemacht.

Die genossenschaftliche Bankpolitik des Spitzeninstituts der Genossenschaftsbanken war also von Beginn an auf die Förderung der lokalen Kreditgenossenschaften ausgerichtet. Die drei bankwirtschaftlichen Grundsätze der Sicherheit, der Liquidität und der Rentabilität erfuhren dabei eine dem Grundauftrag dieses Instituts entsprechende spezifische Ausgestaltung. Als Anstalt des öffentlichen Rechts gegründet, war der Sicherheit der Preußenkasse ein besonderer Stellenwert eingeräumt. Ihrer Funktion als Liquiditätsausgleichs- und -vorsorgestelle entsprach eine hohe, jederzeitige Liquiditätsbereitschaft. Der Grundsatz der Rentabilität war begrenzt durch den klar definierten Förderungsauftrag und die zu seiner Verwirklichung einzusetzenden Mittel.

Nachdem die Preußenkasse mehr und mehr über die Grenzen Preußens hinaus zur Zentralbank des gesamten deutschen Genossenschaftswesens geworden war, wurde sie 1932 in eine Anstalt des Reiches umgewandelt. Sie hieß fortan Deutsche Zentralgenossenschaftskasse. An dem Grundkapital von 100 Millionen Reichsmark hielten das Deutsche Reich und Preußen jeweils Beteiligungen von 42,5 %.

Das neue Zentralinstitut blieb unverändert unter staatlicher Aufsicht, von nun an der des Reichsfinanzministers. An die Stelle des bisherigen Rechts der preußischen Regierung zur Leitung trat jedoch eine körperschaftliche Willensbildung. Neben dem Direktorium wirkten als weitere Organe der Ausschuß und die Hauptversammlung. Die von der Deutschen Zentralgenossenschaftskasse betriebene Bankpolitik wies keine grundlegenden Veränderungen gegenüber der ihrer Vorgängerin auf.

Nach dem Zweiten Weltkrieg erkannte man sehr rasch, daß der Wiederaufbau des deutschen Genossenschaftswesens ohne ein starkes Zentralkreditinstitut nicht erfolgreich bewältigt werden konnte. Noch vor Gründung der Bundesrepublik Deutschland wurde durch Gesetz vom 11. Mai 1949 als neue Zentralbank der Genossenschaften die Deutsche Genossenschaftskasse (DGK) geschaffen.

Die DGK war, wie ihre Funktionsvorgängerin, wiederum Anstalt des öffentlichen Rechts. Jedoch gab es in den Gesetzen über die Deutsche Genossenschaftskasse von Anfang an einen entscheidenden Unterschied gegenüber der Preußischen bzw. Deutschen Zentralgenossenschaftskasse: Die Beteiligung der öffentlichen Hand wurde auf unter 50 % begrenzt. Auf diese Weise war den Genossenschaften das finanzielle Übergewicht und der ausschlaggebende Einfluß gesichert; die genossenschaftliche Selbstverwaltung und Selbstverantwortung hatten eine deutliche Stärkung erfahren.

Die bankpolitische Aufgabe der Deutschen Genossenschaftskasse bestand unverändert darin, das Genossenschaftswesen zu fördern. Ihre Geschäftätigkeit blieb deshalb auf den genossenschaftlichen und mittelständischen Wirtschaftsbereich beschränkt. Von seiten des Staates unterstützt wurde diese Bankpolitik durch die zunächst befristete, ab 1961 ›endgültige‹ Freistellung von allen maßgeblichen Steuern.

Die Deutsche Genossenschaftskasse mußte sich in ihrer Funktion als letzte Instanz des dreistufigen genossenschaftlichen Bankenverbundes an den verschiedensten finanzwirtschaftlichen Märkten betätigen. Diese Geschäfte waren »aber nicht Eigengeschäfte der Deutschen Genossenschaftskasse, sondern tatsächlich nur Erfüllungs-, Auftrags- oder Gegengeschäfte im Rahmen ihrer Förderungstätigkeit«.[68] Die DGK entwickelte sich primär aufgrund des genossenschaftlichen Bedarfs, von dem sie getragen wurde, »und nicht durch ein eigenes selbstbezogenes Streben nach Wachstum und Macht im Sinne von erwerbswirtschaftlichen Unternehmen«.[69]

Eine neue Entwicklungsphase für das Spitzeninstitut der Genossenschaftsbanken trat mit dem Gesetz über die Deutsche Genossenschaftsbank vom 22. Dezember 1975 ein. Aus der DGK wurde die DG BANK. Bund und Länder durften fortan zusammen nicht mehr als 25 % des Grundkapitals halten. Bei der Rechtsform wurde eine Umwandlung von der Anstalt zur Körperschaft des öffentlichen Rechts vorgenommen.

Der Förderungsauftrag blieb unverändert: Laut § 1 DG BANK-Gesetz dient die DG BANK »der Förderung des gesamten Genossenschaftswesens; sie wirkt bei der Förderung der gemeinnützigen Wohnungswirtschaft mit«. Durch das neue

68 Georg Draheim, Vortrag am 22. Oktober 1970 anläßlich der Übergabe von Schloß Montabaur als Akademie der Volksbanken und Raiffeisenbanken, in: Genossenschaft und Bildung, Deutsche Genossenschaftskasse, Frankfurt am Main 1970, S. 16.
69 Draheim, Vortrag, a. a. O., S. 16.

Gesetz erhielt sie jedoch die Möglichkeit, sich bankgeschäftlich universell zu betätigen. In § 2 DG BANK-Gesetz heißt es: »Die Bank kann Bankgeschäfte aller Art betreiben, die unmittelbar oder mittelbar ihrer Zweckerfüllung dienen.« Das besagt mit anderen Worten: Die DG BANK kann »in grundsätzlich gleicher Wettbewerbsposition zu anderen Großbanken . . . alle banküblichen Geschäfte tätigen, auch solche außerhalb des Genossenschaftsbereichs, die sie bislang, wenn überhaupt, dann nur mit Sondergenehmigungen der Staatsaufsicht in Angriff nehmen konnte«.[70]

Diese Erweiterung war im wesentlichen aus drei Gründen notwendig geworden. Zum ersten drohte seit dem Haushaltsstrukturgesetz des Bundes von 1974 der allmähliche Abbau der steuerlichen Sonderstellung, die die Bank als Spitzeninstitut des deutschen Genossenschaftswesens genoß. Seit 1976 ist die DG BANK voll steuerpflichtig. »Der Aushöhlung der Leistungsfähigkeit, die hier drohte, war entgegenzuwirken und vorzubeugen, und zwar dadurch, daß der geschäftspolitische Aktionsradius des Instituts ausgedehnt wurde.«[71]

Zum zweiten hatte die Zahl der Mitglieder der Genossenschaftsbanken, und zwar vor allem aus Arbeitnehmerkreisen, stark zugenommen. Dies führte zu wachsenden Liquiditätsüberschüssen des Verbundes. Als letztes Glied in der Verbundkette sah sich die DG BANK gezwungen, diese überschüssige Liquidität am Markt anzulegen. Dazu reichten die nach dem alten DGK-Gesetz erlaubten Anlageformen nicht mehr aus.

Zum dritten schließlich fragten die mittelständischen Unternehmer unter den Mitgliedern und Kunden der Genossenschaftsbanken in immer stärkerem Maße Bankleistungen für ihr Außenhandelsgeschäft nach. Wollten die Genossenschaftsbanken nicht Gefahr laufen, einen wichtigen Teil ihrer Mitglieder und Kunden an konkurrierende Banken zu verlieren, mußten sie ihre Leistungen hier erweitern. Dies war jedoch nur mit Unterstützung ihres Spitzeninstituts möglich.

Infolgedessen ist die Bankpolitik der DG BANK heute vielfältiger und umfassender Art. Sie reicht vom nationalen und internationalen Kreditgeschäft über den nationalen und internationalen Geldhandel, die Beteiligungspolitik und das Effektengeschäft im nationalen und internationalen Rahmen bis zu der Bereitstellung einer breiten Palette von ergänzenden Bankdienstleistungen.

Die Förderung des Genossenschaftswesens durch die DG BANK erfolgt mittelbar. Genossenschaftliche Bankpolitik der DG BANK zielt nämlich auf ihre Träger ab, im wesentlichen also die regionalen genossenschaftlichen Zentralbanken.

---

70 Theodor Sonnemann, Ansprache auf der außerordentlichen Hauptversammlung der DG BANK, in: DG BANK MITTEILUNGEN, H. 2 (1976), S. 32.
71 Felix Viehoff, Bankpolitik für den Mittelstand, in: Bankinformation, H. 1 (1977), S. 2.

Indem die DG BANK deren Leistungsfähigkeit erhöht, stärkt sie das Förderungspotential der Volksbanken und Raiffeisenbanken.

Ein Teil der Geschäftspolitik der DG BANK ist notwendigerweise nur indirekt auf die Förderung des Genossenschaftswesens gerichtet. Zum Teil erwachsen der DG BANK Funktionen aus ihrer Rolle als letzte Instanz des dreistufigen kreditgenossenschaftlichen Verbundes. Während die Volksbanken und Raiffeisenbanken sowie die regionalen genossenschaftlichen Zentralbanken ihre überschüssigen Gelder in der jeweils nächsthöheren Stufe des Verbundes anlegen können, ist das für die DG BANK nicht möglich. Für die DG BANK gibt es keine weiterführende Verbundinstanz. Für sie ist vielmehr die nächste Instanz allein der Markt.

Die Bankpolitik der DG BANK ähnelt auf diese Weise einem Januskopf. Sie geht in zwei Richtungen: den Verbund und den Markt. Wie kein anderes Institut im kreditgenossenschaftlichen Bereich muß sich das Spitzeninstitut auf der Nahtstelle zwischen Verbund und Markt bewegen. In ihrer letzten Zielsetzung ist sie jedoch verbundorientiert. Genossenschaftliche Bankpolitik der DG BANK bleibt stets auf die Stärkung der Wettbewerbsfähigkeit der Volksbanken und Raiffeisenbanken ausgerichtet. Die Ertragsorientierung der DG BANK dient sowohl der eigenen Existenzsicherung als auch der ständigen Erweiterung der DG BANK-Leistungspalette zur Förderung des kreditgenossenschaftlichen Verbundes.

3.2.2.4. Verbundinstitute

Die Genossenschaftsbanken verfügen über weitere zentrale Verbundunternehmen, die sie in ihrer universalen genossenschaftlichen Bankpolitik unterstützen. Es handelt sich dabei meist um Tochter- oder Beteiligungsgesellschaften, die juristisch selbständig sind und deren Kapital sich ausschließlich oder zum großen Teil bei den regionalen genossenschaftlichen Zentralbanken und der DG BANK befindet.[72] Sie übernehmen teils neue, von den Genossenschaftsbanken bisher nicht ausgeübte Tätigkeiten, teils erledigen sie bestimmte Bankleistungen zentral für alle angeschlossenen Genossenschaftsbanken.[73] Dies sind vor allem das Geschäft mit Hypothekenkrediten, Bausparleistungen, Versicherungen, Factoring, Leasing und Vermögensanlagen.

---

72 Vgl. Günther Müller, Das Problem einer Neustrukturierung des kreditgenossenschaftlichen Verbundes, Mannheim, Diss. (1977), S. 15.

73 Vgl. Klemens Pleyer – Ulf Brühann, Fakten und Formen gesellschaftsrechtlicher Kooperation der Kreditgenossenschaften, in: Festschrift für Ludwig Schnorr von Carolsfeld zum 70. Geburtstag, Köln-Berlin-Bonn-München 1972, S. 435.

Die meisten Verbundinstitute befinden sich vollständig in den Händen genossenschaftlicher Unternehmen, insbesondere der regionalen genossenschaftlichen Zentralbanken und der DG BANK. Zu dieser Gruppe von Instituten zählen unter anderem
— die DG HYP Deutsche Genossenschafts-Hypothekenbank AG, Berlin/Hamburg,
— die Bausparkasse Schwäbisch Hall AG, Schwäbisch Hall,
— die R + V Versicherungsgruppe, Wiesbaden,
— die DG Diskontbank AG, Mainz,
— die DG Immobilien-Leasing-GmbH, Frankfurt am Main,
— die DEVIF Deutsche Verwaltungsgesellschaft für Investment-Fonds GmbH, Frankfurt am Main,
— die DEFO Deutsche Fonds für Immobilienvermögen GmbH, Frankfurt am Main,
— die DVG Deutsche Vermögensverwaltungs-Gesellschaft mbH, Frankfurt am Main,
— die Beteiligungsgesellschaft für mittelständische Unternehmen mbH, Frankfurt am Main, und
— die VL-Leasinggesellschaft für Volksbanken mbH, München.
In anderen Fällen haben die DG BANK und die regionalen genossenschaftlichen Zentralbanken eine Verbindung zu bestehenden nichtgenossenschaftlichen Einrichtungen hergestellt, an denen noch andere Banken und Nichtbanken beteiligt sind. Verbundinstitute dieser Art sind zum Beispiel
— die Union-Investment-Gesellschaft mbH, Frankfurt am Main, und
— die Mietfinanz GmbH, Mülheim/Ruhr.
Die Münchener Hypothekenbank eG zählt ebenfalls zu den Verbundinstituten des genossenschaftlichen Bankensektors. Anders als die übrigen Verbundinstitute ist sie jedoch eine Genossenschaft.
Diese bundesweit tätigen Spezialinstitute im Verbund erbringen spezielle geldwirtschaftliche Leistungen für den Mittelstand. Das geschieht entweder auf dem direkten Weg oder indirekt über die Volksbanken und Raiffeisenbanken. Sie üben also genossenschaftliche Bankpolitik unmittelbar oder mittelbar aus. Wenn sich heute die Genossenschaftsbanken als wettbewerbsfähige Universalbanken präsentieren, so ist dies nicht zuletzt auch ein Erfolg der Arbeit dieser Verbundinstitute. Ihre Geschäftspolitik wird immer von dem Ziel bestimmt, die Volksbanken und Raiffeisenbanken mit Leistungen auszustatten, zu deren Erstellung diese selbst nicht in der Lage sind, die aber dem Bedürfnis des Mittelstandes entspringen und daher im Wettbewerb für die Genossenschaftsbanken von wesentlicher Bedeutung sind.

3.2.3. Genossenschaftliche Bankpolitik der Verbände

Entsprechend dem mehrstufigen Aufbau der Genossenschaften und dem Grundsatz der demokratischen Willensbildung ist auch die genossenschaftliche Verbandsorganisation mehrstufig gegliedert. Träger genossenschaftlicher Bankpolitik auf Verbandsebene sind der Bundesverband der Deutschen Volksbanken und Raiffeisenbanken und die regionalen genossenschaftlichen Prüfungsverbände.

3.2.3.1. Regionale Prüfungsverbände

Die erste Verbandsgründung für den Bereich der Kreditgenossenschaften in Deutschland erfolgte im Jahre 1858. Seinerzeit entstand auf regionaler Ebene der Provinzialverband Sächsischer Vorschuß- und Kreditvereine. Ihm folgte ein Jahr später auf nationaler Ebene das Centralkorrespondenzbüro der Deutschen Vorschuß- und Kreditvereine. Beide hatten die Aufgabe, unter den angeschlossenen Vereinen Verbindung zu halten, auf Anfragen hin Ratschläge zu erteilen und die Beschlüsse der Vereinstage zu publizieren. 1864 entwickelte sich aus dem Centralkorrespondenzbüro der Allgemeine Verband der auf Selbsthilfe beruhenden deutschen Erwerbs- und Wirtschaftsgenossenschaften. SCHULZE-DELITZSCH wurde der erste Anwalt dieses Spitzenverbandes, dem Landes- oder Provinzialverbände sowie später Branchenverbände als Unterverbände angeschlossen waren.

Von 24 Darlehnskassenvereinen, die nach RAIFFEISENschen Grundsätzen entstanden waren, wurde 1877 der erste Regionalverband im ländlichen Bereich gegründet. Er nannte sich Anwaltschaftsverband ländlicher Genossenschaften. Die satzungsmäßigen Aufgaben dieses Verbandes, dessen erster Anwalt RAIFFEISEN wurde, bestanden darin, »die Darlehnskassenvereine zu verbreiten, denselben mit Rat und That beizustehen, ihre Interessen in jeder Beziehung zu fördern und sie nach außen hin zu vertreten«.[74]

Für die Entwicklung der genossenschaftlichen Regionalverbände war die Neufassung des Genossenschaftsgesetzes von 1889 von entscheidender Bedeutung. In diesem Gesetz wurde die Pflichtprüfung für alle Genossenschaften verankert. Sie brauchte zwar nicht durch den eigenen Verband zu erfolgen, aber es lag nahe, die Revision von einem Organ durchführen zu lassen, das in Selbsthilfe geschaffen worden und im übrigen auch für diese Aufgabe am kompetentesten war.

---

74 Friedrich Müller, Die geschichtliche Entwicklung des landwirtschaftlichen Genossenschaftswesens in Deutschland von 1848/49 bis zur Gegenwart, Leipzig 1901, S. 111.

»Zu der generellen Prüfungspflicht trat 1934 die Pflichtmitgliedschaft in einem genossenschaftlichen Prüfungsverband, dessen Prüfung sich die Genossenschaften — nunmehr ohne die Alternative eines vom Registergericht zu bestellenden Revisors — unterwerfen mußten.«[75]

Heute ist die Prüfungsfunktion die wichtigste Aufgabe der Regionalverbände. Sie sichert die genossenschaftliche Selbstverwaltung auch in diesem wichtigen Bereich. Die Pflichtprüfung der Genossenschaftsbanken durch ihre Prüfungsverbände »kommt nach Inhalt und Umfang einer umfassenden Unternehmensprüfung gleich. Sie geht damit in ihrem Zweck über die gesetzliche Abschlußprüfung hinaus. Durch den Prüfungsbericht sollen die Mitglieder nicht nur über die Ordnungsmäßigkeit der jährlichen Rechenschaft, sondern auch den wirtschaftlichen Stand ihres Unternehmens objektiv unterrichtet werden.«[76]

Grundlage dieser Tätigkeit ist § 53 Absatz 1 GenG, in dem es heißt: »Zwecks Feststellung der wirtschaftlichen Verhältnisse und der Ordnungsmäßigkeit der Geschäftsführung sind die Einrichtungen, die Vermögenslage sowie die Geschäftsführung der Genossenschaft mindestens in jedem zweiten Geschäftsjahr zu prüfen.« Bei der Prüfung der Genossenschaftsbanken sind die Vorschriften des Kreditwesengesetzes, bei der Abfassung der Prüfungsberichte die Richtlinien des Bundesaufsichtsamtes für das Kreditwesen zu beachten.

Der hohe Wert der Bankprüfungen durch die regionalen Prüfungsverbände wird auch vom Bundesaufsichtsamt für das Kreditwesen und vom Gesetzgeber anerkannt. Für Kreditgenossenschaften gelten nämlich besondere Vorschriften über die Einreichung der Jahresabschlußunterlagen. »Während z. B. Kreditbanken den festgestellten Jahresabschluß und den Geschäftsbericht, soweit ein solcher erstattet wird, dem Bundesaufsichtsamt nach § 26 KWG unverzüglich einzureichen haben, brauchen Institute, die einem Prüfungsverband angehören, die Prüfungsberichte nur auf Anforderung einzureichen.«[77]

Die breitgefächerten Dienstleistungen, die die Regionalverbände über die Prüfung hinaus für die ihnen angeschlossenen Primärgenossenschaften und Zentralgeschäftsanstalten erbringen, lassen sich in der Beratungs-, der Betreuungs- und der Schulungsfunktion zusammenfassen. Sie dienen sämtlich der Erhöhung der Leistungsfähigkeit der angeschlossenen Genossenschaften. Sie ermöglichen auch eine noch effizientere genossenschaftliche Bankpolitik.

---

75 Gunther Aschhoff, Die Geschichte der genossenschaftlichen Wirtschafts- und Marktverbände in Deutschland, in: Geschichte, Struktur und Politik der genossenschaftlichen Wirtschafts- und Marktverbände, Karlsruhe 1965, S. 18.

76 Raiffeisenverband Schleswig-Holstein und Hamburg e. V., Kiel, Tätigkeitsbericht, in: Genossenschaftliche Mitteilungen, H. 10 (1976), S. 345.

77 Hans-W. Schnack — Rainer Buchholz, Bankenaufsicht und genossenschaftliches Verbundsystem, in: Bankinformation, H. 9 (1978), S. 2.

Dazu gibt es in allen regionalen genossenschaftlichen Prüfungsverbänden Rechtsabteilungen, Steuerabteilungen und betriebswirtschaftliche Abteilungen, gelegentlich auch noch Organisations- und Bauabteilungen, Abteilungen für Öffentlichkeitsarbeit und Presseabteilungen. Die Schulungsfunktion wird, bis auf die Schulung der genossenschaftlichen Führungskräfte, die vornehmlich in der Akademie Deutscher Genossenschaften, Montabaur, erfolgt, in Schulen der Regionalverbände wahrgenommen. Weiterhin sind den Prüfungsverbänden oft Rechenzentralen und Treuhandgesellschaften angegliedert.

Die Bankpolitik der regionalen genossenschaftlichen Prüfungsverbände ist insgesamt darauf ausgerichtet, die Genossenschaftsbanken bei der Verfolgung ihrer speziellen wirtschaftlichen Zielsetzungen bestmöglich zu unterstützen. Die Prüfungsverbände tun dies durch Maßnahmen, die im wesentlichen nach innen, zu ihren Banken hin orientiert sind. Hierdurch üben sie mittelbar genossenschaftliche Bankpolitik aus. Daneben nehmen die Regionalverbände aber auch die gemeinsamen bankpolitischen Interessen der ihnen angeschlossenen Genossenschaftsbanken nach außen hin wahr — etwa der Presse, der Öffentlichkeit oder der Verwaltung gegenüber. Doch wird dabei in der Regel das regionale Aktionsfeld nicht überschritten. Jenseits dieses Feldes beginnt die Zuständigkeit des auf Bundesebene tätigen Fachverbandes, des Bundesverbandes der Deutschen Volksbanken und Raiffeisenbanken.

3.2.3.2. Bundesverband der Deutschen Volksbanken und Raiffeisenbanken

Eine einheitliche genossenschaftliche Bankpolitik in einem einzigen Bundesverband gibt es erst seit dem Jahresbeginn 1972. Die Bildung des Bundesverbandes der Deutschen Volksbanken und Raiffeisenbanken als einheitlicher Bundesfachverband für alle deutschen Genossenschaftsbanken war das Kernstück der vor nunmehr sieben Jahren in Kraft getretenen Neuordnung der nationalen Genossenschaftsverbände. Damit wurde für die Genossenschaftsbanken eine der entscheidenden Voraussetzungen geschaffen, auf den umkämpften Finanzmärkten an Wettbewerbskraft zu gewinnen und sich gemeinsam als Einheit zu profilieren.

Bis zum Jahre 1971 waren die Interessen der Volksbanken und der Raiffeisenbanken von getrennten Spitzenverbänden vertreten worden. Mit dem Jahre 1972 wurden dann unter einem gemeinsamen Dachverband, dem Deutschen Genossenschafts- und Raiffeisenverband e. V. (DGRV), drei Bundesverbände errichtet, nämlich der Bundesverband der Deutschen Volksbanken und Raiffeisenbanken e. V. (BVR), der Deutsche Raiffeisenverband e. V. (DRV) und der Zentralverband der genossenschaftlichen Großhandels- und Dienstleistungsunternehmen e. V. (ZENTGENO), alle mit Sitz in Bonn. Der BVR umfaßt sämt-

liche Genossenschaftsbanken; für die ländlichen Waren- und Dienstleistungsgenossenschaften ist der DRV und für die gewerblichen Waren- und Dienstleistungsgenossenschaften der ZENTGENO zuständig.[78]
Diese Neuordnung des ländlichen und gewerblichen Genossenschaftswesens in
der Bundesrepublik Deutschland beendete den seit den Tagen von RAIFFEISEN
und SCHULZE-DELITZSCH bestehenden Dualismus in der genossenschaftlichen
Organisation. Waren früher die unterschiedlichen mittelständischen Zielgrup-
pen mit der Dominanz von Handwerkern und Kleingewerbetreibenden bei den
Volksbanken und von Landwirten bei den Raiffeisenbanken der Grund für eine
getrennte Entwicklung beider Genossenschaftsorganisationen gewesen, so war
hier im letzten Jahrzehnt ein zunehmender Wandel eingetreten. Die Mitgliederstrukturen von Volksbanken und Raiffeisenbanken hatten sich einander ange-
nähert. Insbesondere der wachsende Anteil von Arbeitern, Angestellten und
Beamten war sowohl bei den Volksbanken als auch bei den Raiffeisenbanken
gleichförmig festzustellen gewesen.
Der BVR sieht seinen satzungsmäßigen Zweck in der »Förderung, Betreuung
und Vertretung der fachlichen und der besonderen wirtschaftspolitischen und
wirtschaftlichen Interessen der Mitglieder und der diesen angeschlossenen Einrichtungen innerhalb des Bereiches der genossenschaftlichen Kreditwirtschaft«.[79]
Im einzelnen hat er die folgenden Aufgaben:[80]
1. Förderung und Entwicklung des genossenschaftlichen Kreditwesens,
2. Wahrnehmung der wirtschaftspolitischen, wirtschaftlichen, rechtspolitischen
und steuerpolitischen Belange der Mitglieder,
3. Beratung in rechtlichen, steuerlichen und betriebswirtschaftlichen Fragen,
4. Errichtung und Verwaltung von Einrichtungen zur Sicherung und Förderung
der Kreditgenossenschaften und dem genossenschaftlichen Kreditwesen nahe-
stehender Institute,
5. Gründung, Unterhaltung und Unterstützung von Schulungseinrichtungen,
6. Pflege der Beziehungen zu anderen Organisationen und Institutionen des In-
und Auslandes,
7. Beteiligung an Vereinigungen und Einrichtungen, die der Förderung des genossenschaftlichen Kreditwesens dienen,
8. Herausgabe eines Jahrbuches, von Verbandszeitschriften sowie die Erstellung
statistischer Arbeiten,
9. Durchführung der Mitgliederversammlung als Verbandstag.

---

78 Vgl. S. 74.
79 Bundesverband der Deutschen Volksbanken und Raiffeisenbanken e. V., Bonn, § 4 Absatz 1 der Satzung vom
10. November 1977.
80 Vgl. § 4 Absatz 2 der Satzung des BVR.

Wenn man diese satzungsmäßigen Funktionen des BVR mit den Funktionen der regionalen genossenschaftlichen Prüfungsverbände vergleicht, läßt sich zur Unterscheidung des Wirkungsgrades dieser beiden Träger genossenschaftlicher Bankpolitik folgendes feststellen:

— Die regionalen genossenschaftlichen Prüfungsverbände üben als Hauptfunktion die gesetzlich vorgeschriebene Pflichtprüfung der ihnen angeschlossenen Genossenschaften durch; der BVR hingegen ist kein Prüfungsverband.

— Der Aktionsradius der Prüfungsverbände ist regional begrenzt; hingegen wirkt der BVR auf nationaler Ebene.

— Die Funktionen der Regionalverbände sind überwiegend nach innen gerichtet, sie dienen der Steigerung der Leistungskraft und damit der Wettbewerbsfähigkeit der Genossenschaftsbanken. Der BVR hingegen hat daneben einen weiteren Schwerpunkt seiner Arbeit in der Interessenvertretung seiner Mitglieder nach außen hin. Er ist insoweit stärker als die Regionalverbände auch und insbesondere ein wirtschaftspolitischer Verband.

Der BVR verfügt über eine ähnliche organisatorische Gliederung wie die meisten Regionalverbände. Er besitzt unter anderem Abteilungen für betriebswirtschaftliche, rechtliche und steuerliche Fragen. Auf seine besondere Stellung als Spitzenverband der Genossenschaftsbanken weist die Abteilung Internationale Zusammenarbeit und Verbund hin.

Der BVR ist mitgestaltend bei der genossenschaftlichen Bankpolitik tätig. In Richtung auf die Unterstützung der Volksbanken und Raiffeisenbanken, in seiner nach innen gerichteten Betreuungsfunktion, übt er sie mittelbar aus. Darüber hinaus betreibt er genossenschaftliche Bankpolitik unmittelbar, indem er im Austausch mit allen sonstigen Trägern der Wirtschaftspolitik die Interessen des genossenschaftlichen Bankenverbundes nach außen hin vertritt. Bankpolitische Äußerungen des BVR als Gegenstand seiner nach außen gerichteten Vertretungsfunktion sind nicht ohne Interesse für den Staat als den obersten Träger der Wirtschaftspolitik. Sie spiegeln die Forderungen einer großen Zahl von Wirtschaftsbürgern[81] wider, an deren Vorstellungen Parlament und Regierung nicht vorbeigehen können bei dem Bemühen, eine dauerhaft tragfähige Wirtschaftspolitik zu gestalten.

---

81 Vgl. S. 46.

3.2.4. Zusammenfassung

Die genossenschaftliche Bankpolitik wird in engem Zusammenwirken gestaltet und getragen von
— den Volksbanken und Raiffeisenbanken,
— den regionalen Zentralbanken,
— der DG BANK,
— den Verbundinstituten,
— den regionalen Prüfungsverbänden und
— dem Bundesverband der Deutschen Volksbanken und Raiffeisenbanken (vgl. Übersicht 11).
Sie ist zum einen unmittelbare genossenschaftliche Bankpolitik, das heißt direkt auf die mittelständische Kundschaft gerichtet. Träger unmittelbarer genossenschaftlicher Bankpolitik sind immer und in erster Linie die Volksbanken und Raiffeisenbanken. Von ihnen, den Genossenschaftsbanken der Ortsebene, erwartet der Mittelstand, die hauptsächliche Kundenzielgruppe der Genossenschaftsbanken, ein auf seine Bedürfnisse zugeschnittenes Bankangebot. Träger unmittelbarer genossenschaftlicher Bankpolitik sind teilweise und in begrenztem Umfang auch die regionalen Zentralbanken und die Verbundinstitute.
Zum anderen gibt es mittelbare genossenschaftliche Bankpolitik. Träger mittelbarer, das heißt indirekter, genossenschaftlicher Bankpolitik sind vorwiegend die regionalen Zentralbanken, teilweise aber auch die DG BANK, die Verbundinstitute, die regionalen Prüfungsverbände und der BVR.
Die Bankpolitik der Genossenschaftsbanken ist mitgliederbezogen. Da die Mitglieder bis auf wenige Ausnahmen dem wirtschaftlichen Mittelstand angehören, ist sie zugleich mittelstandsbezogen. Mit der genossenschaftlichen Bankpolitik werden dadurch mittelständische Interessen wahrgenommen. Diese Interessenwahrnehmung richtet sich in erster Linie auf die wirtschaftliche Förderung der Mitglieder und mittelständischen Kunden. Sie beinhaltet alle Maßnahmen, die dazu dienen, die wirtschaftliche Existenz der Mitglieder und Kunden zu sichern und zu entwickeln. Das geschieht in doppelter Weise: zum einen nach innen in Form der Erstellung einer optimalen Angebotspalette der Volksbanken und Raiffeisenbanken, zum anderen nach außen in Form der Interessenvertretung durch die Verbände, insbesondere den BVR, gegenüber den übrigen Trägern der Wirtschaftspolitik.
Genossenschaftsbanken bieten heute alle am Markt bekannten Bankleistungen an. Sie sind, gleichgültig ob klein oder groß, Universalbanken und damit neben den Kreditbanken und den Sparkassen der dritte Pfeiler unseres Bankensystems. Zu dieser universellen, umfassenden Leistungskraft der Genossenschaftsbanken hat in entscheidender Weise der kreditgenossenschaftliche Verbund beigetragen,

Übersicht 11
Die Träger genossenschaftlicher Bankpolitik

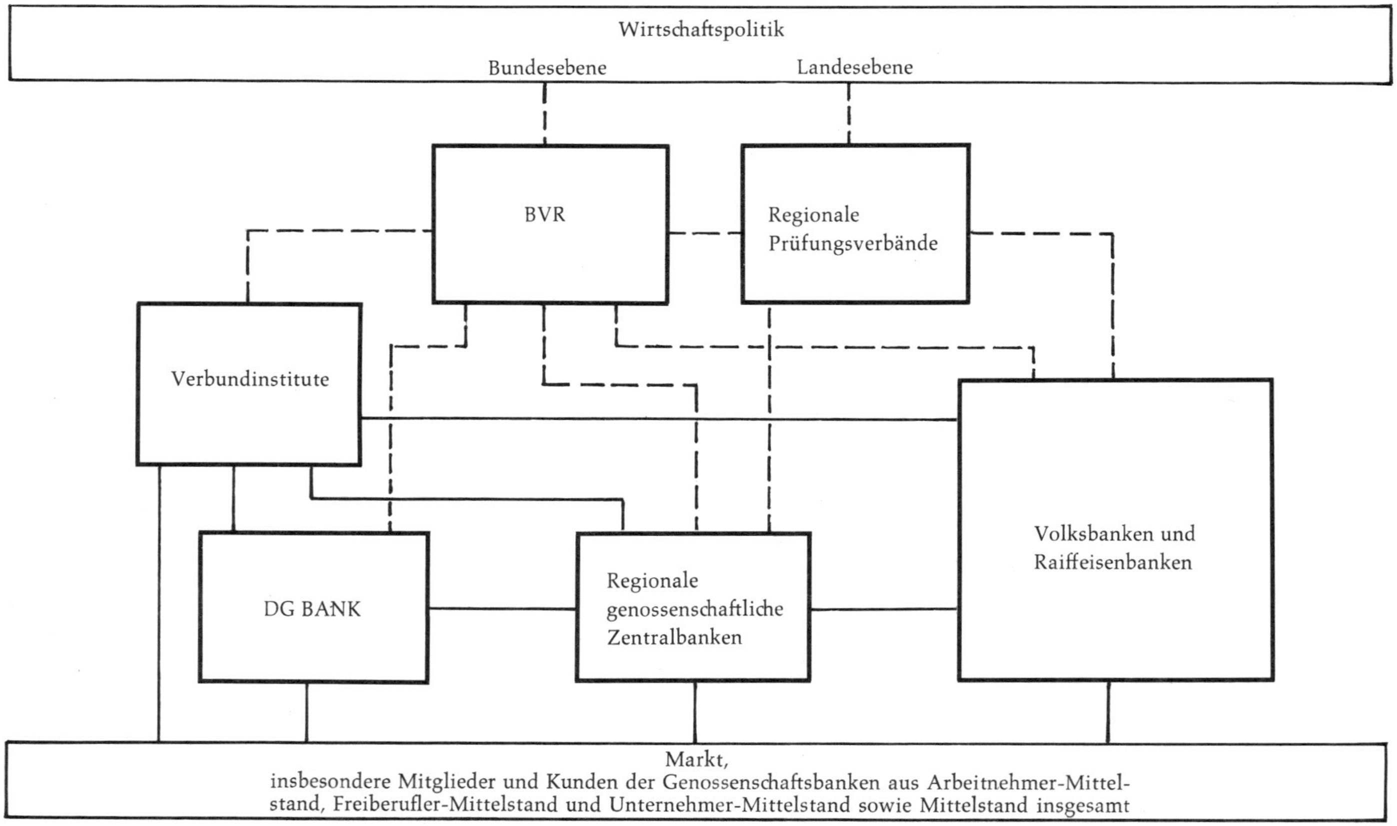

Wirtschaftspolitik

Bundesebene   Landesebene

BVR

Regionale
Prüfungsverbände

Volksbanken und
Raiffeisenbanken

Regionale
genossenschaftliche
Zentralbanken

Verbundinstitute

DG BANK

Markt,
insbesondere Mitglieder und Kunden der Genossenschaftsbanken aus Arbeitnehmer-Mittelstand, Freiberufler-Mittelstand und Unternehmer-Mittelstand sowie Mittelstand insgesamt

das heißt die Mitwirkung der regionalen genossenschaftlichen Zentralbanken, der DG BANK und der speziellen Verbundinstitute.

Die genossenschaftliche Bankpolitik steht im Spannungsfeld der Grundsätze jeder Bankpolitik, nämlich den Grundsätzen der Sicherheit, der Liquidität und der Rentabilität, und der Prinzipien jeder Genossenschaft, nämlich dem Förderungsprinzip und dem Identitätsprinzip. Das Besondere der genossenschaftlichen Bankpolitik ergibt sich daraus, daß der Förderungsauftrag der Genossenschaftsbanken ihr Rentabilitätsstreben begrenzt. Der Gewinn der Genossenschaftsbanken ist als Folge davon nie der maximal, sondern immer nur der unter Beachtung des Förderungsauftrages mögliche.

Praktisch beantwortet sich die Frage nach dem Spezifischen der genossenschaftlichen Bankpolitik damit, wie der genossenschaftliche Förderungsauftrag bei den Genossenschaftsbanken verwirklicht wird und wie er den Grundsatz der Rentabilität beeinflußt. Förderung durch die Genossenschaftsbanken erstreckt sich zum einen auf den Bereich der direkten finanziellen Förderung, nämlich auf die Konditionengestaltung, und zum anderen auf den Bereich jenseits der direkten finanziellen Förderung, nämlich auf besondere Kredit- und Sparangebote, Finanzierungs- und Anlageberatung sowie spezielle Dienstleistungen. Wie konkret gestaltete genossenschaftliche Bankpolitik aussehen kann und in der Vergangenheit ausgesehen hat, soll im folgenden gezeigt werden.

3.3. Beispiele genossenschaftlicher Bankpolitik

Genossenschaftliche Bankpolitik ruht, das haben wir versucht zu zeigen, auf genossenschaftlichen Prinzipien einerseits und bankwirtschaftlichen Grundsätzen andererseits. Aus ihnen heraus hat sich die Bankpolitik der Genossenschaftsbanken in der Vergangenheit auf vielfältige Weise konkretisiert. Einige Beispiele sollen dies veranschaulichen.

3.3.1. Volksbanken und Raiffeisenbanken

In unseren generellen Ausführungen zur Bankpolitik der Volksbanken und Raiffeisenbanken stellten wir fest, daß die Genossenschaftsbanken ihre Mitglieder unmittelbar durch die Gestaltung der Konditionen des täglichen Geschäftes fördern. Bei den Eisenbahn-Spar- und Darlehnskassen zum Beispiel geschieht dies dadurch, »daß sie im Kreditgeschäft geringere Zinsen berechnen, als dies im Durchschnitt bei den übrigen Banken der Fall ist, und daß sie im Einlagengeschäft entsprechend höhere Zinsen vergüten. Außerdem werden im Zahlungsverkehr sämtliche Dienstleistungen gebührenfrei erbracht, d. h. Kontoführungsgebühren, Gebühren für Daueraufträge und dergleichen . . . nicht in Rechnung gestellt.«[82] Auf diese Weise konnten die Eisenbahn-Spar- und Darlehnskassen nach eigenen Berechnungen im Jahre 1977 jedes ihrer Mitglieder mit durchschnittlich rund 70 DM fördern.[83]

Auf vielfältige Weise erfolgt darüber hinaus die Förderung jenseits der unmittelbaren finanziellen Förderung:

Die Genossenschaftsbanken sehen es als eine ihrer wesentlichen Aufgaben an, den mittelständischen Unternehmen stets dann beizustehen, wenn ihre Existenz durch wirtschaftliche Krisen bedroht ist. So sorgten sie im Dürrejahr 1975, das Ernteschäden von über 5 Mrd. DM gebracht hatte, für eine schnelle und unbürokratische Hilfe zugunsten der Landwirtschaft. In enger Zusammenarbeit mit den Bauernverbänden stellten sie in einer Kreditsonderaktion den mittelständischen Landwirtschaftsbetrieben Überbrückungskredite in Form von zinsgünstigen Darlehen als Liquiditätshilfe zur Verfügung. Zusätzlich wurden günstige Wechselkredite zur Finanzierung des Kaufs von Futtermitteln eingeräumt. Dadurch konnte den bäuerlichen Mitgliedern der Genossenschaftsbanken noch vor dem Anlaufen staatlicher Hilfsprogramme geholfen werden.[84]

Die Genossenschaftsbanken fördern auch die Gründung neuer mittelständischer Existenzen. In enger Zusammenarbeit mit den berufsständischen Organisationen des Mittelstandes entstanden das Sparwerk der Fleischerjugend, das Sparwerk der Deutschen Bäckerjugend und das Allgemeine Junghandwerkersparen. Nach dem genossenschaftlichen Prinzip ›Hilfe zur Selbsthilfe‹ wurden Nachwuchskräften nach einem mehrjährigen Ansparprozeß zinsgünstige Kredite zur Gründung oder Übernahme eines Betriebes gewährt.

Darüber hinaus gründeten die Genossenschaftsbanken zusammen mit dem Handwerk und dem Handel Kreditgarantiegemeinschaften, die mit Unterstützung der öffentlichen Hand durch Bürgschaften die Sicherung solcher mittelständischen Kredite übernehmen, bei denen der Kreditnehmer zwar kreditwürdig ist, eine Kreditgewährung aber an den fehlenden Sicherheiten zu scheitern droht. Durch die Einschaltung dieser Kreditgarantiegemeinschaften sowie durch die Vermittlung von Existenzgründungsdarlehen war es den Kreditgenossenschaften möglich, die finanziellen Voraussetzungen für die Gründung zehntausender mittelständischer Unternehmen zu schaffen, die dem Wettbewerb neue Impulse gaben. Die Existenzgründungsdarlehen erfreuen sich besonders bei dem freiberuflichen Mittelstand großer Beliebtheit, zumal hier der Bedarf an Startkapital zum Beispiel zur Gründung einer eigenen Praxis in der Regel sehr hoch ist.

---

82 Verband der Eisenbahn-Spar- und Darlehnskassen e. V., sparda-Report, Frankfurt am Main 1978.
83 Einen anderen Nachweis hatten wir durch den Bezug auf die empirische Studie von Mülhaupt-Dolff bereits an anderer Stelle erwähnt (vgl. S. 86).
84 Vgl. Joachim Kleinhans, Verbund hilft dürregeschädigten Landwirten, in: Bankinformation, H. 8 (1976), S. 12.

Seit Jahren ist auch im Mittelstand die Einschränkung des Selbstfinanzierungsspielraumes zu beobachten. Um den mittleren und kleineren Unternehmen sowie dem freiberuflichen Mittelstand kapitalschonende Finanzierungsarten zugänglich zu machen, wurde ein Leasingverfahren entwickelt, das speziell auf den Mittelstand zugeschnitten ist, indem es auch Mietanträge kleinerer Größenordnungen zu vertretbaren Mietraten bedient. In Zusammenarbeit mit der DG BANK Deutsche Genossenschaftsbank, der Mietfinanz GmbH, Mülheim/Ruhr, und einem Kreditversicherungsunternehmen gelang es den Volksbanken und Raiffeisenbanken, die Mietfinanzierung den Bedürfnissen des Mittelstandes anzupassen.[85]

Der Vermittlung von ERP-Krediten und der Weiterleitung günstiger Kreditmittel aus den Mittelstandsprogrammen der Kreditanstalt für Wiederaufbau oder der Lastenausgleichsbank durch die Genossenschaftsbanken kommt aufgrund der besonderen Probleme, die mittelständische Unternehmen bei Investition und Finanzierung haben, erhöhte Bedeutung zu. Die ERP-Gelder stellen für den unternehmerischen Mittelstand ein günstiges und wichtiges Instrument im Finanzierungsprozeß dar. Ihre Weiterleitung ist selbstverständliche Aufgabe jeder dem Förderungsauftrag verpflichteten Genossenschaftsbank.

Die Kreditgenossenschaften bieten den mittelständischen Unternehmen seit jüngster Zeit in zunehmendem Maße an, sie auf die Auslandsmärkte zu begleiten. Dies ist um so notwendiger, als die auslandsorientierten Kunden auch in Zukunft zu den dynamischen und wachstumsintensiven Kunden gehören werden. Nur ein Angebot aller im Auslandsgeschäft relevanten Dienstleistungen verhindert aber, daß ein mittelständischer Kunde andere Banken einschaltet. Deshalb war es für die Genossenschaftsbanken wichtig, dem Mittelstand einen vollständigen Auslandsservice zu bieten.

Die Volksbanken und Raiffeisenbanken sind stets bemüht, auch die speziellen Wünsche des einzelnen Mitglieds individuell zu erfassen und zu erfüllen. Es wurden deshalb Finanzierungssysteme entwickelt, die sich nach dem Baukastenprinzip individuell auf die Bedürfnisse des Kunden anwenden lassen. Der Bankleiter einer Genossenschaftsbank ist heute nicht mehr nur der Verkäufer eines Kredites, sondern er muß in der Lage sein, Lösungen für ganze Problemkreise anzubieten. Er hat sich vom Kreditverkäufer zum ›Finanzingenieur‹[86] entwickelt.

Da die Baufinanzierung für alle Teile des Mittelstandes in der Mitte der fünfziger Jahre an Bedeutung gewann, schalteten sich die Genossenschaftsbanken für den Mittelstand in die Durchführung der Zinsverbilligungsaktion ›Junge Fa-

---

85 Vgl. Deutsche Genossenschaftskasse, Frankfurt am Main, Die Genossenschaften in der Bundesrepublik Deutschland 1971, S. 27.
86 Vgl. Dieter W. Heumann, Genossenschaftsbanken im Spannungsfeld des Wettbewerbs, in: Monatsblätter für freiheitliche Wirtschaftspolitik, H. 5/6 (1975), S. 186.

milie‹ sowie ›Besser und schöner wohnen‹ des Bundeswohnungsbauministeriums ein. Zudem wurde mit dem Zentralverband der Deutschen Haus- und Grundbesitzer eine Kreditaktion zur Instandsetzung und Modernisierung von Altwohngebäuden vereinbart.[87]

Um für den Mittelstand die Finanzierung von Bauobjekten zu erleichtern, boten die Genossenschaftsbanken darüber hinaus bereits Ende der sechziger Jahre die sogenannte Baugesamtfinanzierung aus einer Hand an, eine Pionierleistung, die in enger Zusammenarbeit mit der Deutschen Genossenschafts-Hypothekenbank, der Münchener Hypothekenbank und der Bausparkasse Schwäbisch Hall entwickelt wurde.[88]

Die Genossenschaftsbanken entwickelten ferner, vornehmlich für den Arbeitnehmer-Mittelstand, ein zeitlich befristetes aktuelles Kreditsonderprogramm für Kleinkredite und persönliche Darlehen bis zu 10 000 DM unter der Produktbezeichnung ›Kaufkredit mit Zeitgewinn‹. Der Zeitgewinn für den Kunden bestand darin, daß die Tilgung des Kredites erst sechs Monate nach der Krediteinräumung anlief.

Die bargeldlose Lohn- und Gehaltszahlung, die Ende der fünfziger Jahre einsetzte, und die damit verbundene Einrichtung von Lohn- und Gehaltskonten führten zu einer erweiterten und intensivierten Betreuung des Arbeitnehmer-Mittelstandes durch die Genossenschaftsbanken. Diese Betreuung trug dazu bei, daß die Vermögenspolitik in der Bundesrepublik sehr frühzeitig und auf breiter Basis vollzogen werden konnte.

Schon in ihren Anfängen hatten die Genossenschaftsbanken die Bildung von Sparkapital und Vermögen gefördert. Sie waren es gewesen, die im 19. Jahrhundert als erste den besonderen Typ der Spareinlage mit vereinbarter Kündigungsfrist schufen. Dem mittelständischen Kunden bot sich damit erstmals die Möglichkeit, höhere Zinsen für seine Spareinlagen zu bekommen. Nach dem Kriege wurde das Gewinnsparen eingeführt. Diese Form des Sparens fand großen Anklang in der Bevölkerung und brachte denjenigen Genossenschaftsbanken, die sie betrieben, eine überdurchschnittliche Erhöhung ihres Spareinlagenzuwachses. Sie wurde auch von anderen Bankengruppen übernommen.

Eine für den Vermögensbildungsprozeß in der Bundesrepublik bahnbrechende Neuerung war der von der genossenschaftlichen Bankengruppe entworfene und 1964 von der Vereinsbank Wiesbaden eGmbH[89] erstmals auf den Markt gebrachte Sparbrief, der sich bis zur Gegenwart aufgrund seiner hohen Rendite in breiten Sparerkreisen großer Beliebtheit erfreut. Die jederzeit gegebene Belei-

---

87 Vgl. Deutscher Genossenschaftsverband (Schulze-Delitzsch) e. V., Bonn, Jahrbuch des Deutschen Genossenschaftsverbandes für 1958, S. 31.
88 Vgl. Deutsche Genossenschaftskasse, Frankfurt am Main, Die Genossenschaften in der Bundesrepublik Deutschland 1971, S. 26.
89 Heute Wiesbadener Volksbank eG nach Fusionen mit anderen Wiesbadener Volksbanken 1969 und 1973.

hungsmöglichkeit dieses mittelfristigen Anlagepapiers trägt dem Erfordernis der Liquidität Rechnung. Auch die anderen Banken und Sparkassen sahen sich aufgrund der hohen Nachfrage nach diesem Anlagepapier gezwungen, eigene Sparbriefe herauszugeben. Der Bund folgte den Genossenschaftsbanken durch die Herausgabe von Bundesschatzbriefen.

Um zudem die Wünsche des Mittelstandes nach einem längerfristigen Finanzierungsmittel mit festen Zinsen zu erfüllen, bieten die Genossenschaftsbanken Sparobligationen an, deren Erlöse dem Mittelstand in Form von Krediten für längere Zeit zu einem festen Zinssatz zufließen.[90] Diese Form der Geldanlage für den Mittelstand haben die Genossenschaftsbanken mit auf den Markt gebracht. Mit der Sparobligation, die den etwas risikofreudigeren Kunden anspricht, gelang es der genossenschaftlichen Bankengruppe, die noch offene Marktlücke zwischen dem Sparbrief und den Rentenmarktpapieren zu schließen. Die Anlagelücke zwischen der langfristigen Spareinlage und der Termineinlage haben die Genossenschaftsbanken dagegen mit ihren Wachstumszertifikaten geschlossen. Mit der Konzipierung neuer, anspruchsvoller Vermögensbildungssysteme gelang es den Genossenschaftsbanken, neue Anlegerkreise zu gewinnen.

1968 erweiterten die ersten Genossenschaftsbanken ihr Anlage- und Sparprogramm um den Sparplan, eine Sparform, mit der besonders kleineren Einkommensbeziehern Gelegenheit gegeben werden sollte, entsprechend ihrer Einkommenssituation bei regelmäßigem Sparen zu Vermögen zu gelangen. Durch die Kombination verschiedener Anlagemöglichkeiten — vom traditionellen Sparkonto über den Sparbrief, das festverzinsliche Wertpapier, Investmentanteile, Immobilienzertifikate bis hin zu Aktien — ermöglichten die Genossenschaftsbanken es ihren Kunden, die auf ihre persönlichen Belange zugeschnittene und für sie optimale Lösung zu wählen.

Neben den oben aufgeführten Sparformen haben die Genossenschaftsbanken in der Vergangenheit sowohl einmalige als auch laufende Sparsonderaktionen eingeführt. So wurden zum Beispiel Sparaktionen zu den Olympischen Spielen in Mexiko 1968 und in der Bundesrepublik Deutschland 1972 veranstaltet. Um die Kunden an die rechtzeitige Rücklage von Geldern zur Finanzierung ihres Urlaubes zu erinnern, wurde 1969 ein kombiniertes Spar- und Darlehnsprogramm entwickelt. Darüber hinaus entwickelten einige Kreditgenossenschaften auf ihren Kundenkreis zugeschnittene Sondersparaktionen, die großen Anklang fanden.[91]

Systematisch wurde ein >Service rund ums Geld< aufgebaut. Schon frühzeitig wurde den Kunden der Genossenschaftsbanken der Bausparservice und der Ab-

90 Vgl. Deutsche Genossenschaftskasse, Frankfurt am Main, Die Genossenschaften in der Bundesrepublik Deutschland 1972/73, S. 14 f.
91 Vgl. Deutsche Apotheker- und Ärztebank eG, Düsseldorf, Geschäftsbericht 1976, S. 16.

schluß von Lebensversicherungen am Bankschalter ermöglicht. Großer Beliebtheit erfreut sich mittlerweile auch das Reiseangebot der Genossenschaftsbanken.[92] Da die genossenschaftlichen Kunden bei den Genossenschaftsbanken seit jeher die Devisen für ihre Urlaubsreise nachfragten, lag es nahe, den Kunden am Nachbarschalter die Urlaubsreisen selbst anzubieten. Aus einzelnen Serviceleistungen wurden Servicekreise, die sich um ein geldnahes Objekt schlossen. Besonders im Anlagebereich wurden die Dienstleistungen durch Servicekreise abgerundet. Man erkannte, daß fachliche Beratung nicht nur bei der Entscheidung für diese oder jene Anlageart, sondern auch bei der Betreuung und Verwahrung der einmal erworbenen Vermögensobjekte gewünscht war. Zeitmangel, fehlende Informationen und die oft größere Entfernung zum Markt machen es dem Anleger selbst unmöglich, sich eingehend mit der Verwaltung der Vermögensanlage zu befassen. Die genossenschaftliche Bankengruppe hat dieses Problem des mittelständischen Anlegers frühzeitig erkannt und ihm daher Spezialisten zur Seite gestellt, die täglich die Märkte beobachten und in der Lage sind, eine Anlageentscheidung hinsichtlich Liquidität, Sicherheit und Rentabilität optimal zu treffen.

Mit der noch umfassenderen Vermögensverwaltung taten die Genossenschaftsbanken den notwendigen Ergänzungsschritt zur Beratung und zum Verkauf von Vermögensanlagen, so daß auch auf diesem Gebiet ein Servicekreis für den Mittelstand angeboten werden konnte. Die Verwaltung und Vermittlung von Grundbesitz und Firmenbeteiligungen bis hin zu Nachlaßregelungen machen deutlich, wie tief die Genossenschaftsbanken ihr Dienstleistungssortiment heute gestaffelt haben. Die genossenschaftliche Bankengruppe verfügt zudem über Experten mit Steuer-, Rechts-, Grundstücks- und Prüfungserfahrungen, die die Anlageprobleme für den Mittelstand lösen.

Mit Hilfe entsprechend ausgebildeter Akquisiteure wird dem Kunden durch seine Genossenschaftsbank angeboten, sich auf Wunsch auch nach der üblichen Geschäftszeit am Ort seiner Bestimmung individuell in Angelegenheiten seiner Vermögensdisposition beraten zu lassen.

Die Genossenschaftsbanken versuchen mehr und mehr auf die individuelle Situation der Kunden einzugehen. So widmen sich die Volksbanken und Raiffeisenbanken dem betriebswirtschaftlichen Beratungs- und Informationsbedürfnis kleiner und mittlerer Unternehmen.[93] Dem mittelständischen Unternehmer werden damit Leistungen angeboten, für die es bei Großunternehmen Spezialisten in der Geschäftsleitung und in Stabsabteilungen gibt.

92 Vgl. Volksbank Reutlingen eG, Geschäftsbericht 1976, S. 15.
93 In einer Untersuchung des Instituts für Mittelstandsforschung in Köln wurde die Frage gestellt, wen die Handwerker am ehesten als Finanzberater akzeptieren würden. Nahezu 70 % der Befragten haben die Banken als den geeignetsten Gesprächspartner angesehen.

Im allgemeinen wird von den Kreditinstituten nicht erwartet, daß sie ihren Firmenkunden eine Beratung über die finanzielle Sphäre hinaus offerieren; hierfür sind die Kammern, die Verbände und das Rationalisierungs-Kuratorium der Deutschen Wirtschaft (RKW) zuständig. Zu den Aufgaben der Genossenschaftsbanken gehört es aber — auch im Eigeninteresse, um Ausfälle im Kreditgeschäft zu vermeiden —, betriebliche Schwachstellen aufzuspüren und aufzuzeigen.[94] Hier decken sich die Interessen der Genossenschaftsbanken und des mittelständischen Unternehmers. Beide haben ein Interesse daran, Schwachstellen zu beseitigen.

Um die Beraterfunktion gegenüber dem unternehmerischen Mittelstand wahrnehmen zu können, wurde innerhalb der genossenschaftlichen Bankengruppe ein Finanzplanungssystem entwickelt und auch bereits von einigen Banken angeboten.[95] Dabei stellt die Genossenschaftsbank die Investitionsphase fest, ermittelt den totalen Finanzbedarf und entwirft darauf aufbauend einen Finanzierungsplan. Zur Beurteilung der Wirtschaftlichkeit der Investition wird sodann auf der Grundlage künftiger Umsatzerwartungen errechnet, wie sich die ergebenden Mehrkosten auf das Unternehmen auswirken. Gleichzeitig stellt die Genossenschaftsbank fest, ob das Unternehmen den Kapitaldienst aus dem aufgenommenen Fremdkapital tragen kann und wie sich das Betriebsergebnis und die Eigenkapitalentwicklung künftig darstellen.[96]

Als weitere Beraterleistung werden von einigen Genossenschaftsbanken auch Unternehmerseminare angeboten.[97] Diese Unternehmerseminare haben sich die Aufgabe gestellt, den mittelständischen Unternehmer gezielt in betriebswirtschaftlichen Fragen zu beraten und eine auf die Bedürfnisse von Klein- und Mittelbetrieben abgestellte permanente Informationshilfe anzubieten. Themenkreise derartiger Unternehmerseminare sind beispielsweise

— Bilanzanalyse,
— Würdigung betriebswirtschaftlicher Kennzahlen,
— Kalkulationsmethoden und
— Kreditprogramme der Mittelstandsförderung.[98]

Um ihrer mittelstandsbezogenen, kundennahen Bankpolitik zusätzliches Gewicht zu verleihen, haben die Genossenschaftsbanken eine expansive Zweigstellenpolitik betrieben. Die Genossenschaftsbanken suchen die räumliche Nähe

---

94 Vgl. Klaus Juncker, Die Bank als Berater mittelständischer Betriebe, in: bank und markt, H. 2 (1977), S. 5.
95 Vgl. Frankfurter Volksbank eG, Geschäftsbericht 1976, S. 10 und Wolfgang Berk, Erfahrungen mit Finanzplanungssystemen, in: Bankinformation, H. 8 (1978), S. 16—19.
96 Vgl. Klaus Henke, Finanzplanung für Bankkunden, in: Bankinformation, H. 7 (1975), S. 10.
97 Vgl. Juncker, Die Bank, a. a. O., S. 5.
98 Vgl. Klaus R. Dingeldein, Die Unternehmer-Seminare der Volksbank Ebersbach, in: bank und markt, H. 2 (1977), S. 8.

ihrer mittelständischen Kunden. Die Faktoren Zeit und Bequemlichkeit sind, wie herausgefunden wurde, ein wesentlicher Bestimmungsgrund für die Auswahl der Bankverbindung.

Aus diesem Grund haben auch einige Genossenschaftsbanken die Öffnungszeiten ihrer Institute den Bedürfnissen ihrer Kunden angepaßt.[99] Mit dieser Regelung der Schalterstunden kommen die betreffenden Genossenschaftsbanken besonders den Wünschen des Arbeitnehmer-Mittelstandes nach, dessen Berufszeit sich in der Regel mit den Öffnungszeiten der Kreditinstitute deckt. Um der Politik größtmöglicher Kundennähe auch äußerlich Ausdruck zu verleihen, haben die Genossenschaftsbanken bei Um- und Neubauten die Gelegenheit ergriffen, ihre Räumlichkeiten unter diesem Aspekt funktionsgerecht zu gestalten.[100]

Die dezentrale Struktur der Kreditgenossenschaften und die damit verbundene lokale Entscheidungskompetenz entsprechen den bankwirtschaftlichen Vorstellungen des ökonomischen Mittelstandes, der eine nahegelegene, kompetente Beratungshilfe und eine unbürokratische Entscheidungsfindung wünscht, und dies bei einem — aufgrund des genossenschaftlichen Verbundes — universellen Leistungsangebot.

Durch die Tatsache, daß sich alle Organe der Volksbanken und Raiffeisenbanken aus deren Mitgliedern zusammensetzen, findet ein laufender Rückkoppelungsprozeß zwischen dem Mittelstand und seinen Kreditgenossenschaften statt. Auf diese Weise formuliert der Mittelstand seine geldwirtschaftlichen Wünsche an die Kreditgenossenschaften nicht nur selbst, sondern er sorgt auch für ihre Erfüllung in Form von Leistungen der Volksbanken und Raiffeisenbanken. Nicht zuletzt die aktive Mitbestimmung des Mittelstandes an der Leistungserstellung seiner Genossenschaftsbanken hat zu der heutigen Marktstellung der Volksbanken und Raiffeisenbanken geführt.

3.3.2. Regionale genossenschaftliche Zentralbanken

Zu den klassischen Aufgaben der Zentralbanken gegenüber ihren Genossenschaftsbanken gehört es, die Funktion des zeitlichen und örtlichen Liquiditätsausgleiches wahrzunehmen. Gleichzeitig bilden die Zentralbanken, im Zusammenwirken mit der DG BANK, damit eine Art Schutzpuffer zwischen dem Geldmarkt und den Genossenschaftsbanken. Sie halten sie von den kurzfristigen Schwankungen am Geldmarkt weitgehend frei, indem sie den Genossen-

---

99 Vgl. Oskar Betsch, Der Samstag-Schalter und die Gewerkschaften, in: Zeitschrift für das gesamte Kreditwesen, H. 11 (1977), S. 494.
100 Vgl. Cannstatter Volksbank eG, Geschäftsbericht 1975, S. 12 f. und Volksbank Sindelfingen eG, Geschäftsbericht 1975.

schaftsbanken über längere Zeiträume stabile Konditionen gewährleisten und damit deren Dispositionen erleichtern.[101]

Mit der Expansion mittelständischer Unternehmen wuchsen die Kreditwünsche an die Volksbanken und Raiffeisenbanken. § 49 GenG gebietet aus risikopolitischen Gründen in bestimmten Fällen eine Begrenzung der Kredithöhe an den einzelnen Kreditnehmer. Um die expansiven mittelständischen Kunden weiterhin bedienen zu können, hilft in derartigen Fällen die regionale Zentralbank der betreffenden Genossenschaftsbank und stellt einen Teil des Kredites zur Verfügung. Dies kann in Form des stillen Metakredites oder des Konsortialkredites erfolgen.

Außer zur Gewährung von Ergänzungskrediten stehen die Zentralbanken den angeschlossenen Volksbanken und Raiffeisenbanken mit Information und Beratung bei der Vermittlung, Bearbeitung und Weiterleitung von Anträgen des Mittelstandes auf öffentliche Finanzierungshilfen zur Verfügung.[102] Dies geschieht neben der Förderung durch eigene zinsgünstige Programme.[103] Darüber hinaus vermitteln die Zentralbanken Hypothekendarlehen und Bauspardarlehen sowie Leasing- und Factoringfinanzierungen der darauf spezialisierten Verbundinstitute, um auf diese Weise die Genossenschaftsbanken und deren Kunden zu fördern.[104]

Die Genossenschaftsbanken leiten ihre Zahlungsverkehrsströme weitgehend über die regionalen Zentralbanken, wo die Abwicklung des Massengeschäftes zunehmend von der konventionellen Belegbearbeitung hin zu automatischen Verfahren verlagert wird. Der Schwerpunkt liegt hierbei im Übergang zum beleglosen Datenträgeraustausch (Magnetband-Clearing-Verfahren).[105] Durch dieses Verfahren konnten die Zentralbanken Rationalisierungserfolge erzielen und es ermöglichen, daß die in den letzten Jahren der Zahl nach stark angewachsenen Zahlungsvorgänge nach wie vor rasch und kostengünstig abgewickelt werden. Als neuester Service wird seit kurzem die beschleunigte Überweisung von einem Tag auf den anderen geboten.

Im Wertpapiergeschäft bieten die Zentralbanken ihren Genossenschaftsbanken seit einiger Zeit die zentrale Depotbuchführung auf der Basis eigener EDV-Programme an. Dieses Angebot wird mittlerweile von immer mehr Genossenschaftsbanken genutzt, da es ihnen erhebliche Rationalisierungsvorteile verschafft. Die Vorteile liegen nicht nur im Bereich der Kosten, sondern auch bei der Bestandspflege der Wertpapiere.[106]

101 Vgl. Petzold, a. a. O., S. 68.
102 Vgl. Zentralbank Saarländischer Genossenschaften AG, Saarbrücken, Geschäftsbericht 1977, S. 20.
103 Vgl. Westdeutsche Genossenschafts-Zentralbank eG, Düsseldorf, Geschäftsbericht 1976, S. 28.
104 Vgl. Genossenschaftliche Zentralbank AG Stuttgart, Geschäftsbericht 1977, S. 20.
105 Vgl. u. a. Landesgenossenschaftsbank AG Hannover-Kiel-Oldenburg, Geschäftsbericht 1976, S. 22.
106 Vgl. Raiffeisen-Zentralbank Kurhessen AG, Kassel, Geschäftsbericht 1977, S. 21.

Infolge der internationalen Aktivitäten der mittelständischen Unternehmen hat sich auch das Auslandsgeschäft der Zentralbanken verstärkt. In enger Zusammenarbeit mit den örtlichen Genossenschaftsbanken bieten die Zentralbanken unter anderem Import- und Exportfinanzierungen an, übernehmen Bestellerkredite und Forfaitierungen und vermitteln Geschäfte für die mittelständische Wirtschaft.[107] Um die Auslandsmärkte so wirksam wie möglich für den Mittelstand zu erschließen, haben die Zentralbanken darüber hinaus mit der DG BANK einen Auslandspool gebildet, in den bestimmte Auslandsgeschäfte eingebracht werden.[108]

Um die Kreditgenossenschaften bei ihren Bemühungen um eine stärker absatzorientierte Geschäftspolitik zu unterstützen, werden von den genossenschaftlichen Zentralbanken marktorientierte Informations- und Schulungssysteme angeboten. Im Mittelpunkt steht dabei ein kundenorientiertes Verkaufs- und Verhaltenstraining mit der Zielsetzung, den Genossenschaftsbanken eine Motivationsschulung und eine aktive Verkaufsunterstützung anzubieten.[109] Darüber hinaus bieten die einzelnen Zentralbanken Informationskurse in verschiedenen Geschäftssparten sowie Förderungskurse für Nachwuchskräfte der Genossenschaftsbanken an.[110]

Schließlich werden den Genossenschaftsbanken von ihren Zentralbanken durch eine systematische und planvolle Gestaltung einzelner Geschäftsvorfälle, wie zum Beispiel bei den Finanzplanungssystemen, wichtige Hilfsmittel zu einer sachgerechten Bearbeitung auch schwieriger Einzelvorgänge an die Hand gegeben.[111]

Die Geschäftspolitik der genossenschaftlichen Zentralbanken ist auf die Förderung der Volksbanken und Raiffeisenbanken ausgerichtet. Dies ergibt sich auch aus einer Betrachtung der Zinsaufwendungen und Zinserträge der Zentralbanken. Sie sind von dem Bemühen der genossenschaftlichen Zentralbanken gekennzeichnet, den Volksbanken und Raiffeisenbanken sowohl den vollen Nutzen aus der eigenen Geldanlagepolitik zu gewähren als auch zusätzliche Zinseinnahmen im Rahmen des forcierten Kreditgeschäftes zu ermöglichen.[112]

Zentralbanken sind ohnehin Ertragsentwicklungen unterworfen, die nur sehr bedingt Vergleiche mit der Ertragssituation bei Instituten mit breitem Nichtbankengeschäft zulassen.[113] Wie eine Untersuchung der Deutschen Bundes-

107 Vgl. Westdeutsche Genossenschafts-Zentralbank eG, Düsseldorf, Geschäftsbericht 1977, S. 27.
108 Vgl. S. 119.
109 Vgl. Landesgenossenschaftsbank AG Hannover-Kiel-Oldenburg, Geschäftsbericht 1976, S. 25.
110 Vgl. u. a. Bayerische Volksbanken AG, München, Geschäftsbericht 1976, S. 32.
111 Vgl. Genossenschaftliche Zentralbank AG Stuttgart, Geschäftsbericht 1976, S. 30.
112 Vgl. Zentralkasse nordwestdeutscher Volksbanken AG, Hannover-Hamburg, Geschäftsbericht 1976, S. 25.
113 Vgl. Südwestdeutsche Genossenschafts-Zentralbank AG, Karlsruhe-Frankfurt, Geschäftsbericht 1976, S. 26.

bank deutlich machte, ist die Zinsspanne der genossenschaftlichen Zentralbanken in den Jahren 1968 bis 1975 weit hinter der anderer Bankinstitute zurückgeblieben.[114] Nicht zuletzt die niedrige Zinsspanne drückt die hohe Förderungsintensität der genossenschaftlichen Zentralbanken gegenüber ihren Volksbanken und Raiffeisenbanken und damit gegenüber dem Mittelstand aus.

3.3.3. DG BANK Deutsche Genossenschaftsbank

Die Bankpolitik der DG BANK Deutsche Genossenschaftsbank richtet sich, darauf wurde schon hingewiesen, auf eine mittelbare Förderung der Mitglieder der Genossenschaftsbanken. Sie ist dienender Art, das heißt, sie bezweckt, die Förderungskapazität der Genossenschaftsbanken und ihrer regionalen Zentralbanken zu erweitern. Das geschieht in vielfältiger Weise.
Für das Spitzeninstitut der Genossenschaftsbanken gehört die ständige Bereitschaft, Liquiditätsüberschüsse der regionalen genossenschaftlichen Zentralbanken aufzunehmen (freiwilliger Kontrahierungszwang), zur Erfüllung ihres Förderungsauftrages. Die DG BANK sorgt für die Anlage dieser Liquiditätsüberschüsse an den nationalen und internationalen Geld-, Kredit- und Kapitalmärkten. Umgekehrt besorgt sie auf diesen Wegen Mittel im Falle knapper Liquidität innerhalb des kreditgenossenschaftlichen Verbundes.
Darüber hinaus gehört die DG BANK zu dem verhältnismäßig kleinen Kreis von Geschäftsbanken, die langfristige Mittel durch Ausgabe gedeckter Schuldverschreibungen am Kapitalmarkt beschaffen können. Aufgrund des Gesetzes über die Deutsche Genossenschaftsbank darf die DG BANK Schuldverschreibungen insgesamt bis zum Fünfzehnfachen ihrer ausgewiesenen Eigenmittel emittieren. Die Schuldverschreibungen der DG BANK werden an fünf deutschen Börsen amtlich gehandelt.
Als Spitzeninstitut des genossenschaftlichen Bankenverbundes hat die DG BANK die Federführung im Deutschen Genossenschaftsring, über den der Giroverkehr zwischen den gut 19 000 Bankstellen des kreditgenossenschaftlichen Sektors abgewickelt wird. Im Rahmen dieser Abwicklung führt die DG BANK den Spitzenausgleich aus dem überregionalen Zahlungsverkehr durch.
Für das Wertpapiergeschäft der Genossenschaftsbanken und ihrer Zentralbanken hat die DG BANK ein zentrales Auftrags-, Abrechnungs- und Depotverwaltungssystem aufgebaut, das die Vorteile elektronischer Datenverarbeitung nutzt. Die DG BANK ist im Bundesanleihekonsortium und in anderen nationalen und internationalen Konsortien vertreten, um auf diese Weise den Genos-

---

114 Vgl. Monatsberichte der Deutschen Bundesbank, Ertragsentwicklung im Bankgewerbe, November 1976, S. 22.

senschaftsbanken Zuteilungen an Aktien und Anleihen zu sichern. Neuerdings führt die DG BANK auch Konsortien an.

Für die Kunden der genossenschaftlichen Bankengruppe hat die DG BANK im Zusammenwirken mit Tochterunternehmen höherwertige Vermögensanlageformen entwickelt. Zur Förderung des Vertriebs von Vermögensanlagen stellt das Spitzeninstitut Schulungs- und Informationsmaterial zur Verfügung und veranstaltet Seminare zur Weiterbildung der Vermögensberater.

Fortbildungsseminare für alle Ebenen des kreditgenossenschaftlichen Verbundes werden auch über Fragen des Auslandsgeschäftes durchgeführt.

Über eine Reihe von Beteiligungen, die zum Teil gemeinsam mit den regionalen genossenschaftlichen Zentralbanken gehalten werden, bietet die DG BANK in Ergänzung ihres eigenen ›Sortiments‹ spezielle Finanz-Dienstleistungen an:
— Hypothekenkredite über die Deutsche Genossenschafts-Hypothekenbank;
— Bausparkredite über die Bausparkasse Schwäbisch Hall;
— Versicherungen über die R + V Allgemeine Versicherung;
— verschiedene Formen des Leasing über die Mietfinanz, die LFG Leasing und Finanz, die VL-Leasinggesellschaft der Volksbanken und die DG Immobilien-Leasing;
— Factoring- und andere Spezialfinanzierungen über die DG Diskontbank;
— Verwaltung von Wertpapierdepots der von Genossenschaftsbanken betreuten Kunden über die DVG Deutsche Vermögensverwaltungsgesellschaft;
— Investmentanteile über die DEVIF Deutsche Verwaltungsgesellschaft für Investment-Fonds und über die Union-Investment-Gesellschaft;
— Verwaltung offener Immobilienfonds über die DEFO Deutsche Fonds für Immobilienvermögen und den co op Immobilienfonds;
— befristete Erweiterung der Eigenkapitalbasis nicht emissionsfähiger Unternehmen mit guten Ertragsaussichten über die Beteiligungsgesellschaft für mittelständische Unternehmen;
— Bereitstellung von Risikokapital an mittelständische Unternehmen ohne direkten Zugang zum Kapitalmarkt für die Entwicklung und Einführung technischer Neuerungen über die Deutsche Wagnisfinanzierungs-Gesellschaft;
— Kreditkarten für die Mitglieder und Kunden der Genossenschaftsbanken über die Eurocard Deutschland Internationale Kreditkarten-Organisation.

Die zunehmende Auslandsorientierung der mittelständischen Kundschaft der genossenschaftlichen Bankengruppe veranlaßte die DG BANK zum Aufbau entsprechender interner Kapazitäten und zur Errichtung von Auslandsstützpunkten in Form von Filialen und Repräsentanzen (in New York, Cayman Islands, Los Angeles und Rio de Janeiro), Tochterunternehmen (in Luxemburg und Hongkong) und Beteiligungen (in London und Zürich). Ergänzt wird das Stützpunkt-Netz durch die Kooperation mit zur Zeit fünf genossenschaftlichen Zentralbanken Westeuropas in der UNICO BANKING GROUP.

Für das Auslandsgeschäft haben die DG BANK und die regionalen genossenschaftlichen Zentralbanken einen Auslandspool gebildet. Von gewissen Ausnahmen abgesehen, werden alle Auslandsgeschäfte (Bestätigung von Exportakkreditiven, Besteller- und Finanzkredite an Ausländer, Forfaitierungen und Garantien) in den Pool eingebracht. Die beteiligten Institute partizipieren nach einem bestimmten Schlüssel an den Risiken und Erträgen.

In der hier beispielhaft aufgeführten Form konkretisiert die DG BANK ihren gesetzlich erteilten Förderungsauftrag. Wie zu sehen war, ist ihre Bankpolitik in erster Linie dienender Art. Sie trägt dazu bei, daß jede Genossenschaftsbank in der Lage ist, alle geldwirtschaftlichen Wünsche ihrer mittelständischen Mitglieder- und Kundenkreise zu erfüllen und im Wettbewerb mit den anderen Banken konkurrenzfähig zu bleiben.

3.3.4. Verbundinstitute

Die beiden Hypothekenbanken, die DG HYP Deutsche Genossenschafts-Hypothekenbank AG und die Münchener Hypothekenbank eG, sind für die Volksbanken und Raiffeisenbanken der verlängerte Arm zum Kapitalmarkt. Durch sie werden die Genossenschaftsbanken in die Lage versetzt, ihren Mitgliedern und Kunden langfristige Finanzierungen für den Bau eines Eigenheimes, die Einrichtung einer freiberuflichen Praxis oder für Investitionen im Betrieb anzubieten. Entsprechend einem speziell mittelständischen Bedürfnis, gewähren die genossenschaftlichen Hypothekenbanken auch kleinere Darlehen, ohne dafür einen höheren Zinssatz zu berechnen, wie das sonst am Markt üblich ist.

Um sich am Kapitalmarkt Mittel besorgen zu können, geben die genossenschaftlichen Hypothekenbanken eigene Pfandbriefe und Kommunalschuldverschreibungen aus. Diese Wertpapiere sind so ausgestattet, daß sie sich gleichzeitig als Anlagemöglichkeiten für mittelständische Kunden eignen. Durch eine sorgfältige Kurspflege unterstützen die DG HYP und die Münchener Hypothekenbank die Bemühungen der Genossenschaftsbanken um eine verstärkte Vermögensbildung ihrer Mitglieder und Kunden.

Da die mittelständischen Kunden im Laufe der Zeit anspruchsvollere Finanzierungsangebote in Form kompletter Finanzierungsprogramme bevorzugten, haben die Hypothekenbanken in Zusammenarbeit mit einem weiteren Verbundpartner, der Bausparkasse Schwäbisch Hall, individuell auf den Mittelstand zugeschnittene Finanzierungsmodelle geschaffen und sie den Volksbanken und Raiffeisenbanken zur Verfügung gestellt. Eine Pionierleistung auf dem Gebiet der Baufinanzierung war die in den sechziger Jahren von den beiden Hypothekenbanken und der Bausparkasse Schwäbisch Hall entwickelte ›Baugesamt-finanzierung aus einem Haus‹.[115]

Um dem mittelständischen Kunden eine weitere Verbesserung der Finanzierung von Bauvorhaben und eine vorteilhafte Umschuldung und Ablösung bestehender Verbindlichkeiten zu bieten, hat die Bausparkasse Schwäbisch Hall darüber hinaus in Zusammenarbeit mit der DG BANK die sogenannte kombinierte Baufinanzierung eingeführt. Es wurde ein Finanzierungsplan entwickelt, der eine zinsgünstige Bausparfinanzierung mit einer Gesamtlaufzeit von rund 17 Jahren und einer gleichbleibenden Belastung ermöglicht, die um ein Viertel unter der normalen Belastung eines Bauspardarlehens liegt.

Einem aktuellen Bedürfnis entsprechen die DG BANK und die Bausparkasse Schwäbisch Hall mit ihren ›Bürgschaftsdarlehen‹ für Modernisierungsmaßnahmen. Sie bieten dem mittelständischen Kunden damit eine kostengünstige, übersichtliche und unbürokratische Baufinanzierung an, wobei die DG BANK die Bürgschaft für die Darlehen bis zu 20 000 DM ohne Grundschuld übernimmt. Ein neuer Weg im Rahmen der Verbundfinanzierung wurde von der Bausparkasse Schwäbisch Hall auch mit den ›Zinsaufschubdarlehen‹ beschritten.[116]

Zusammen mit der R + V Lebensversicherung bietet die Bausparkasse Schwäbisch Hall für die mittelständischen Bausparer Bauspardarlehen mit Risikolebensversicherungen nach dem Gruppenversicherungsvertrag an. Die Jahresprämien der Risikolebensversicherung werden dem Darlehenskonto des Bausparers belastet; zum Ausgleich zahlt der Versicherungsnehmer einen während der gesamten Tilgungsdauer gleichbleibenden Versicherungszuschlag zum monatlichen Tilgungsbetrag. Der versicherte Bausparer ist nach Maßgabe des Geschäftsplanes der Versicherungsgesellschaft überschußbeteiligt.[117]

Die Zusammenarbeit zwischen der R + V Versicherung und den Volksbanken und Raiffeisenbanken bietet dem mittelständischen Kunden einen hohen Grad an Bequemlichkeit, Zeit- und Kostenersparnis. Durch die Aufnahme des Versicherungsgeschäftes bei den Genossenschaftsbanken konnte eine auf die Bedürfnisse des Mittelstandes hin ausgerichtete sinnvolle Komplettierung der Servicekreise erreicht werden. So erhält der Kunde zum Beispiel mit einer Kraftfahrzeugfinanzierung gleichzeitig auch die entsprechende Versicherung angeboten. Zu einer kundenfreundlichen Angebotspolitik gehört des weiteren nicht nur die Möglichkeit, die Sorten für die Urlaubsreise bei der Bank erwerben, sondern auch die Urlaubsreise selbst hier buchen und eine dazugehörige Reiseversicherung abschließen zu können.

115 Vgl. Bausparkasse Schwäbisch Hall AG, Schwäbisch Hall, Geschäftsbericht 1977, S. 29.
116 Vgl. Deutsche Genossenschaftskasse, Frankfurt am Main, Die Genossenschaften in der Bundesrepublik Deutschland 1974/75, S. 28 f.
117 Vgl. Bausparkasse Schwäbisch Hall AG, Schwäbisch Hall, Geschäftsbericht 1976, S. 30.

Die Union-Investment-Gesellschaft und die DEVIF Deutsche Verwaltungsgesellschaft für Investment-Fonds als weitere Spezialinstitute im Verbund der Genossenschaftsbanken bieten dem mittelständischen Anleger eine Beteiligung an Wertpapier-Fonds an, die ihm neben Wachstum auch hohe Erträge sichern. Die verschiedenartige Ausgestaltung der Fonds nimmt dabei Rücksicht vor allem auch auf den kleinen Anleger, dessen Risikofreudigkeit sich in Grenzen hält, der aber dennoch ein langfristiges Wachstum anstrebt.

Besondere Bedeutung haben schließlich auch die Spezialinstitute, die mit dem Angebot neuer Finanzierungsformen die Leistungspalette der Volksbanken und Raiffeisenbanken abrunden. Es handelt sich dabei beispielsweise um die Mietfinanz GmbH und die VL-Leasinggesellschaft der Volksbanken mbH. Speziell zur Schonung des Eigenkapitals mittelständischer Unternehmen und des freiberuflichen Mittelstandes bieten sie das Leasing-Geschäft an. Zum anderen ist es die DG Diskontbank AG. Sie steht für Factoring- und andere Spezialfinanzierungen zur Verfügung.

3.3.5. Regionale Prüfungsverbände

Wir hatten festgestellt, daß sich der Anteil der regionalen Prüfungsverbände an der genossenschaftlichen Bankpolitik in erster Linie auf die Prüfung der angeschlossenen Genossenschaftsbanken erstreckt. Dies geschieht vor allem durch die Prüfung der Jahresabschlüsse. Darüber hinaus findet aber auch eine Prüfung der wirtschaftlichen Verhältnisse und insbesondere der Ordnungsmäßigkeit der Geschäftsführung statt. Anders als bei einer bloßen Jahresabschlußprüfung wird damit auch das Kredit- und Anlagegeschäft geprüft.

Die Prüfungsverbände analysieren außerdem regelmäßig die gemäß den Vorschriften des Kreditwesengesetzes von den Banken zu erstellenden Anzeigen und Meldungen sowie die monatlichen Bilanzstatistiken. Dadurch haben sie einen besonders genauen Einblick in die Entwicklung jeder einzelnen Bank.

Neben den Prüfungen durch die Prüfungsabteilungen stehen die laufenden Aufgaben der Rechts-, Steuer- und betriebswirtschaftlichen Beratung. So waren die Rechtsabteilungen aller regionalen genossenschaftlichen Prüfungsverbände in jüngster Vergangenheit stark damit befaßt, die Genossenschaftsbanken in Satzungsfragen zu beraten. Aufgrund der am 1. Januar 1974 in Kraft getretenen Novelle zum Genossenschaftsgesetz mußten alle Satzungen bis zum Jahresende 1976 dem neuen Recht angepaßt werden. Da die Genossenschaftsrechtsnovelle generell die Satzungsautonomie erweitert hat, wurde davon in starkem Ausmaß auch die Kompetenzverteilung innerhalb der Organe jeder Genossenschaftsbank und damit die Frage betroffen, von welchem Organ der Bank die Bankpolitik der Genossenschaftsbanken in Zukunft ausgeführt, entschieden und überwacht wird.

Des weiteren brachte die KWG-Novelle 1976 eine Fülle zusätzlicher Aufgaben für die Rechtsabteilungen der Prüfungsverbände mit sich. Dies war insbesondere in bezug auf die neue Vorschrift der Fall, daß jede Bank mindestens über zwei Geschäftsleiter verfügen muß (›Vier-Augen-Prinzip‹). Kreditgenossenschaften, die nach Ablauf der einjährigen Übergangsfrist (am 30. April 1977) noch keinen zweiten Geschäftsleiter hatten, mußten einen Antrag auf Verlängerung der Übergangsfrist stellen.[118] Die regionalen Prüfungsverbände waren an der Bearbeitung dieser Anträge beteiligt.[119] Soweit der neuen Vorschrift durch die Bestellung eines zweiten Geschäftsleiters entweder aus den eigenen Reihen oder durch Anwerbung von außen oder durch Fusion nachgekommen wurde, halfen die Prüfungsverbände auch hierbei beratend.[120]

Die Steuerabteilungen der Regionalverbände hatten sich zuletzt insbesondere mit den Auswirkungen der Körperschaftsteuerreform auf die Genossenschaftsbanken auseinanderzusetzen und die Kreditgenossenschaften hierüber zu beraten. Es zeigt sich gerade an diesem Beispiel, wie stark die regionalen Genossenschaftsverbände für ihre oft kleineren Genossenschaftsbanken Stabsfunktionen wahrnehmen. Zugleich ist dies ein Nachweis für die Lebendigkeit des genossenschaftlichen Verbundgedankens, der eine sinnvolle arbeitsteilige Kooperation dort vorsieht, wo kleinere Einheiten weniger leistungsfähig sind als größere mit entsprechend höherer fachlicher Qualifikation.

Vielfältig war auch die betriebswirtschaftliche Beratung der Volksbanken und Raiffeisenbanken durch ihre Regionalverbände. Diese richtete sich oft auf Fragen aus dem Bereich der Datenverarbeitung, der Rechnungslegung und der Bilanzierung und umfaßte ferner beispielsweise interne und externe Betriebsvergleiche, Nutzen-Kosten-Analysen, Fusionsberatung, die Erstellung von individuellen Geschäftsverteilungs- und Organisationsplänen einschließlich detaillierter Stellenbeschreibungen, die Mithilfe bei Bau- und Einrichtungsplänen sowie die Organisationsberatung in vielen anderen Einzelfragen, insbesondere im Hinblick auf die Formulierung einer stets stärker kundenorientierten Bankpolitik der Kreditgenossenschaften.

Generelle Überlegungen der Regionalverbände, wie etwa eine erste Antwort auf die Frage: ›Wie wird die Genossenschaftsbank der Zukunft aussehen?‹,[121] unterstützen die Genossenschaftsbanken bei der vorausschauenden Gestaltung ihrer genossenschaftlichen Bankpolitik. Management-Seminare über Banken-

---

118 Banken mit weniger als 10 Mio DM Bilanzsumme sind für eine verlängerte Übergangszeit bis zum 30. April 1981 von dem diesbezüglichen § 35 Absatz 4 i. V. m. § 33 Absatz 1 KWG freigestellt. Zur Zeit bemüht sich der BVR im Zusammenwirken mit dem Bundesaufsichtsamt für das Kreditwesen, noch weitergehende Regelungen zu treffen, die sowohl dem Gesetz als auch den berechtigten Forderungen der Kreditgenossenschaften genügen.
119 Vgl. Bayerischer Raiffeisenverband e. V., München, Jahresbericht 1977, S. 22.
120 Vgl. Westfälischer Genossenschaftsverband e. V., Münster/W., Geschäftsbericht 1977, S. 35.
121 Vgl. Westfälischer Genossenschaftsverband e. V., Münster/W., Geschäftsbericht 1976, S. 11 ff.

Marketing, wie beispielsweise zur Frage des organisierten Verkaufs in den Genossenschaftsbanken,[122] stehen ebenfalls im Dienst der Beratung als Beitrag zur genossenschaftlichen Bankpolitik.

Der Schulungsarbeit wird in allen Regionalverbänden ein besonderes Gewicht beigemessen. Verbandseigene Kurse ergänzen und vertiefen die Schulung der Auszubildenden in den einzelnen Genossenschaftsbanken, aber auch die Weiterbildung wird noch auf regionaler Ebene wahrgenommen. Sie führt oft bis unmittelbar an die abschließenden Hauptlehrgänge heran, die — zentral in der bankwirtschaftlichen Sektion der Akademie Deutscher Genossenschaften auf Schloß Montabaur[123] durchgeführt — als Eignungsnachweis für die Übernahme von Vorstandspositionen in Genossenschaftsbanken durch das Bundesaufsichtsamt für das Kreditwesen anerkannt sind. Die vielfältigen neuen Wissensgebiete, wie zum Beispiel KWG-Novelle, Körperschaftsteuerneuregelung und Novelle zum Genossenschaftsgesetz, bilden zur Zeit Schwerpunkte der verbandlichen Schulungstätigkeit. Dadurch werden die Mitarbeiter der Genossenschaftsbanken in die Lage versetzt, die genossenschaftliche Bankpolitik ihrer Institute optimal im Rahmen des Datenkranzes zu gestalten, der durch die Träger der Bankpolitik im weiteren Sinne vorgegeben wird.

3.3.6. Bundesverband der Deutschen Volksbanken und Raiffeisenbanken

Der Bundesverband der Deutschen Volksbanken und Raiffeisenbanken (BVR) hat generell ein nach innen und ein nach außen gerichtetes Aktionsfeld. In seiner nach innen gerichteten Funktion berät und betreut er die ihm angeschlossenen Volksbanken und Raiffeisenbanken in rechtlichen, steuerlichen und betriebswirtschaftlichen Fragen.[124] Er nimmt Betreuungsfunktionen dieser Art in allen jenen Fällen wahr, in denen keine regionalen Besonderheiten zu berücksichtigen sind.

Die rechtliche Beratung und Betreuung des BVR umfaßt zum einen Einzelberatungen der Genossenschaftsbanken, Regionalverbände, Zentralbanken und übrigen Verbandsmitglieder. Zum anderen handelt es sich darum, Rechtsangelegenheiten zu bearbeiten, die den Verbund der Genossenschaftsbanken insge-

---

122 Vgl. Württembergischer Genossenschaftsverband — Raiffeisen/Schulze-Delitzsch — e. V., Das veränderte Selbstverständnis des Kreditgewerbes, Stuttgart 1978.

123 Die Akademie der Volksbanken und Raiffeisenbanken in Schloß Montabaur bildet die bankwirtschaftliche Sektion der genossenschaftseigenen Schulung auf Bundesebene und wird zusammen mit der Akademie der Waren- und Dienstleistungsgenossenschaften in Stuttgart-Hohenheim von der Akademie Deutscher Genossenschaften e. V., Montabaur, getragen. Ihr Zweck ist es, genossenschaftliche Führungskräfte, insbesondere Geschäftsleiter für Genossenschaften, heranzubilden und weiterzubilden.

124 Vgl. S. 103.

samt betreffen. So hatte der BVR zum Beispiel aufgrund der Neugestaltung des Genossenschaftsrechts die Aufgabe, neue Geschäftsordnungen für die Zusammenarbeit von Vorstand und Aufsichtsrat in den örtlichen Genossenschaftsbanken und den Verbundinstituten zu entwerfen. Ferner überarbeitete er für die Genossenschaftsbanken und ihre Zentralbanken die Allgemeinen Geschäftsbedingungen, um diese den Erfordernissen des neuen AGB-Gesetzes von 1976 anzupassen. Auch mit der Vereinheitlichung und Aktualisierung des Formularwesens beschäftigt sich der BVR, um damit eine möglichst große Rechtssicherheit der Genossenschaftsbanken zu erreichen.[125]

Auf steuerlichem Gebiet informiert der BVR die Mitgliedsbanken über die wichtigsten Steueränderungen, die sich abzeichnen oder eingetreten sind, erteilt Auskunft über Tragweite und Belastungswirkungen neuer Steuergesetze und gibt Hinweise, die den Mitgliedsbanken bei geschäftlichen Dispositionen als Entscheidungshilfen dienen.[126] Im Zusammenhang mit der Reform der Körperschaftsteuer 1977 zeigte der BVR den Genossenschaftsbanken Möglichkeiten einer Neuorientierung der künftigen Dividendenpolitik. Er untersuchte im Anschluß daran auch Möglichkeiten zur Stärkung der Eigenkapitalbasis der Genossenschaftsbanken und empfahl, »die Stärkung des Eigenkapitals solle sich in erster Linie über die Rücklagenbildung und in angemessenem Umfang über Geschäftsguthaben vollziehen«.[127]

Auf betriebswirtschaftlichem Gebiet wirkte der BVR unter anderem bei der Entwicklung von Richtlinien für eine einheitliche Codierung von zwischenbetrieblich weiterzuleitenden Zahlungsverkehrsbelegen mit. Des weiteren entwickelte er zusammen mit den übrigen Spitzenverbänden des Kreditgewerbes und der Deutschen Bundesbank ein Konzept für beleglose Scheckinkasso. Zur besseren Orientierung für die Genossenschaftsbanken über ihre Stellung im Markt führte der BVR Betriebsvergleiche der Volksbanken und Raiffeisenbanken durch, an denen zuletzt 2 500 Banken mit 77 % des Gesamt-Bilanzvolumens teilnahmen. Der Verbesserung der Betriebsorganisation in den Genossenschaftsbanken dienten Vorschläge des BVR für einen Einheitsaktenplan, einen Geschäftsverteilungsplan und einen Organisationsplan. Schließlich war der BVR bemüht, den Genossenschaftsbanken bei der Kontrolle ihrer Wirtschaftlichkeit zu helfen, beispielsweise durch ein umfangreiches Loseblattwerk über das Rechnungswesen der Kreditgenossenschaften.

125 Vgl. Bundesverband der Deutschen Volksbanken und Raiffeisenbanken e. V., Bonn, Bericht '77, S. 39.
126 Vgl. Bundesverband der Deutschen Volksbanken und Raiffeisenbanken e. V., Bonn, Geschäftsbericht 1975/76, S. 55.
127 Bundesverband der Deutschen Volksbanken und Raiffeisenbanken e. V., Bonn, Geschäftsbericht 1975/76, S. 17.

Entsprechend dem Auftrag seiner Satzung errichtete der BVR 1977 eine zentrale Sicherungseinrichtung, die durch die Zusammenführung der bereits bestehenden Garantiefonds des ländlichen und des gewerblichen Genossenschaftsverbandes entstand. In diese Sicherungseinrichtung sind alle Genossenschaftsbanken sowie die genossenschaftlichen Zentralbanken und die Spezial-Verbundinstitute einbezogen. Zweck dieser Einrichtung ist nicht nur ein hundertprozentiger Schutz der Kunden-Einlagen, sondern darüber hinaus die volle Absicherung jeder Genossenschaftsbank.

In seiner nach außen gerichteten Verbandsfunktion äußert sich der BVR zu aktuellen Fragen der Wirtschaftspolitik. Leitlinie seiner Äußerungen ist das Bemühen, die Soziale Marktwirtschaft zu erhalten und auszubauen. In diesem Sinne tritt der BVR grundsätzlich für so wenig Staat wie möglich und so viel Staat wie nötig im Wirtschaftsleben ein. Soweit die ordnende und helfende Hand des Staates nötig ist, soll sie sich auf die Vorgabe der Rahmenbedingungen (Globalsteuerung) beschränken. Nur auf diesem Weg können nach Meinung des BVR wirtschaftliche Leistungsfähigkeit, soziale Bindungen und individuelle Freiheit zu einer optimalen Kombination vereint werden.

Im einzelnen hat sich der BVR in den vergangenen Jahren zum Beispiel für den Abbau leistungs- und investitionshemmender Steuern eingesetzt. Er tat dies sowohl aus der Überzeugung heraus, daß dem wachsenden Einfluß der öffentlichen Hand auf das Wirtschaftsgeschehen Einhalt geboten werden muß, als auch, um in der Phase schwacher Konjunkturentwicklung den Selbstheilungskräften der Wirtschaft zur Wirkung zu verhelfen. Gleichzeitig hat der BVR auf die mittlerweile umfangreichen bürokratischen Hemmnisse im Wirtschaftsleben hingewiesen und auf ihren Abbau gedrängt.

Hinsichtlich der Notenbankpolitik hat sich der BVR von jeher für eine Politik möglichst hoher Preisniveaustabilität eingesetzt. Er war deshalb auch stets der Meinung, daß diese Politik nicht ohne die Erhaltung der Autonomie der Deutschen Bundesbank möglich ist. Seiner marktwirtschaftlichen Überzeugung gemäß, hat der BVR darüber hinaus deutlich gemacht, daß er marktkonformen Maßnahmen der Notenbankpolitik, wie etwa der Offenmarktpolitik, den Vorzug vor obligatorischen Maßnahmen, wie der Mindestreservepolitik, gibt.

Bei Fragen der internationalen Wirtschafts- und Währungspolitik hat der BVR ebenfalls nicht versäumt, marktwirtschaftlichen Gedanken zur Geltung zu verhelfen. Er hat den wachsenden Protektionismus im Welthandel kritisiert und zu liberalen Handelsbeziehungen zwischen den Ländern aufgefordert. Dem neuen Europäischen Währungssystem, das eine schrittweise Rückkehr zum System fester Wechselkurse bedeutet, steht der BVR mit Skepsis gegenüber. Er begrüßt zwar die Bemühungen, in Europa zu einer stabileren Währungszone zu gelangen, sieht aber gegenwärtig keine günstigen Voraussetzungen, dieses Ziel zu erreichen. Außerdem hat er auf die Gefahren hingewiesen, die aus diesem neuen Währungssystem für die Fortführung der Stabilitätspolitik im Innern erwachsen könnten.

Die nach außen gerichtete Verbandsfunktion des BVR beschränkt sich freilich nicht auf Äußerungen zu allgemeinen Wirtschaftsfragen. Wichtiger noch als dies ist die Mitarbeit an einschlägigen Bundesgesetzen. So hatte der BVR im Verlauf des Gesetzgebungsverfahrens der KWG-Novelle die Möglichkeit, sowohl schriftlich als auch mündlich bei einer Anhörung vor dem Finanzausschuß des Bundestages seine Bedenken insbesondere hinsichtlich der vorgesehenen Großkreditregelung und des Vier-Augen-Prinzips vorzutragen und schließlich auch einige Milderungen durchzusetzen. In ähnlicher Weise trug der BVR Anregungen und Empfehlungen an den Gesetzgeber hinsichtlich des Ausbildungsplatzförderungsgesetzes, des Gesetzes zur Regelung des Rechts der Allgemeinen Geschäftsbedingungen sowie der Neuordnung der Berufsausbildung zum Bankkaufmann heran.

Durchsetzen konnte der BVR durch schriftliche Eingaben und Vortrag im Rahmen der großen Anhörungsbesprechung beim Bundesfinanzministerium auch, daß bei der Neuregelung der steuerlichen Abzugsfähigkeit von Aufwendungen für Geschenke die Interessen der Volksbanken und Raiffeisenbanken angemessen berücksichtigt wurden. Dabei wurde beispielsweise erreicht, daß
— das geflügelte Volksbanken-V,
— das Raiffeisen-Giebelkreuz,
— das Doppelzeichen,
— das bloße Wort VOLKSBANK und
— das bloße Wort RAIFFEISEN
zu den steuerlich anerkannten Werbehinweisen gehören.

Der BVR vertritt den Verbund der Genossenschaftsbanken schließlich, wenn die Spitzenverbände des Kreditgewerbes Vereinbarungen miteinander treffen. Es ist bekannt, daß auf diese Weise das Zins- und Wettbewerbsabkommen früherer Jahre zustande kam und in den sechziger Jahren aufgekündigt wurde. In der jüngeren Vergangenheit waren es vielfach bankbetriebliche Fragen aus dem Bereich des Zahlungsverkehrs, über die entsprechende Abmachungen zu treffen waren. So wurde von den Spitzenverbänden des Kreditgewerbes und der Deutschen Bundesbank eine Vereinbarung über Codierrichtlinien getroffen, ferner wurde der beleglose Datenträgeraustausch vereinheitlicht.

3.4. Zusammenfassung

Die kurze Zusammenstellung einiger Beispiele genossenschaftlicher Bankpolitik hat noch einmal unsere generelle Aussage belegt, daß die genossenschaftliche Bankpolitik vom genossenschaftlichen Förderungsauftrag geprägt wird. Dieser ist auf die wirtschaftliche Förderung der mittelständischen Mitglieder und Kunden der Genossenschaftsbanken gerichtet. Er führt zur genossenschaftsspezifisch ausgestalteten Bankpolitik, die sich vor allem durch mitglieder- und kundenorientierte Konditionengestaltung, Kredit- und Anlageprogramme sowie umfassende beratende Tätigkeit der Genossenschaftsbanken auszeichnet. Ertragsmäßig bedeutet die Förderung für die Genossenschaftsbanken eine Begrenzung ihres Rentabilitätsstrebens auf ein Mindestmaß.

Genossenschaftliche Bankpolitik dient mit ihrem Auftrag zur individuellen wirtschaftlichen Förderung gleichzeitig der Erhaltung und Stärkung des unternehmerischen Mittelstandes, des freiberuflichen Mittelstandes und des Arbeitnehmer-Mittelstandes. Sie trägt mit dieser Ausrichtung dazu bei, das bestehende Wirtschafts- und Gesellschaftssystem zu festigen und zu erhalten.

Seit nunmehr über 125 Jahren besteht die enge Verbindung zwischen den mittelständischen Wirtschaftsgruppen und ihren Kreditgenossenschaften. Volksbanken und Raiffeisenbanken sind die Hausbanken des Mittelstandes. Ihre Geschichte ist die des Mittelstandes, ihre wirtschaftliche Situation wird geprägt von der wirtschaftlichen Situation des Mittelstandes. Für den hohen Grad an Identität zwischen Genossenschaftsbank und Kundschaft, der in diesem Maße in keiner anderen Bankengruppe besteht, war und ist ausschlaggebend, daß die Idee der Kreditgenossenschaften im Mittelstand geboren und durch den Mittelstand in die Praxis umgesetzt wurde. Der generelle Förderungsauftrag, der sich bis heute nicht geändert hat und die Grundlage der Bankpolitik jeder Genossenschaftsbank bildet, ist auf seine Träger abgestellt, und diese gehören mehrheitlich dem Mittelstand an. Die Genossenschaftsbanken und ihre Verbandsorganisation verstehen sich daher als ein wesentlicher Pol der geldwirtschaftlichen Versorgung des ökonomischen Mittelstandes.

4. Schlußbetrachtung

Unsere Ausführungen zur mittelstandsbezogenen Bankpolitik des Verbundes der Genossenschaftsbanken haben allesamt das Ziel, einer Standortbestimmung der Genossenschaftsbanken in dem Zueinander und Miteinander unserer Wirtschaft zu dienen. Sie sollen den Leiter der Genossenschaftsbank in knapper, aber präziser Form über Grundlagen seiner täglichen Arbeit informieren. Diese Arbeit der Genossenschaftsbanken ist in der Vergangenheit zunehmend erfolgreicher geworden. Genossenschaftsbanken sind unbestritten und nachweisbar zu einem der wichtigsten Faktoren für die geldwirtschaftliche Versorgung unserer Bevölkerung geworden. Um die Genossenschaftsbanken in ihren Bemühungen zu unterstützen, den eingeschlagenen Weg auch in Zukunft erfolgreich fortsetzen zu können, versuchten wir, deutlich zu machen, worin das Besondere der genossenschaftlichen Bankpolitik besteht und in welcher Weise es zur Profilierung der Genossenschaftsbanken im Wettbewerb der Banken beiträgt.

Am Beginn unserer Ausführungen hatten wir uns in Teil I mit dem Mittelstand befaßt. Er ist seit jeher der Bevölkerungskreis, dem die ganz überwiegende Mehrheit der Mitglieder und Kunden aller Genossenschaftsbanken entstammt. Wir untersuchten den Begriff ›Mittelstand‹ und anschließend die wirtschaftliche Bedeutung des Mittelstandes in der Bundesrepublik Deutschland.

Die Wege, um zu einer begrifflichen Abgrenzung des Mittelstandes zu gelangen, waren beschwerlich. Dies galt auch für unseren Versuch, den Umfang und die Bedeutung des Mittelstandes in der Wirtschaft zu ermitteln, denn Hilfe von seiten einer amtlichen Mittelstandsstatistik bestand nicht. Gleichwohl und trotz der Vorbehalte, die zu dem Untersuchungsweg zu machen waren, ließ sich doch feststellen, daß der Mittelstand eine bestimmende Kraft in unserer Wirtschafts- und Gesellschaftsordnung ist.

Es wurde erkennbar, daß der Mittelstand — und zwar in allen Wirtschaftsbereichen — den größten Teil der Unternehmen stellt. In den mittelständischen Unternehmen haben mehr als zwei Drittel aller Beschäftigten ihren Arbeitsplatz. Ihr Anteil an der Erstellung des Bruttosozialprodukts beträgt fast 50 %.

Auf diesem Ergebnis aufbauend, ermittelten wir im vorliegenden Teil II, wie der Mittelstand zu den Genossenschaftsbanken, insbesondere zu ihren Trägern, in Beziehung steht und was aus dieser Beziehung für die Bankpolitik des Verbundes der Genossenschaftsbanken folgt.

Die Verknüpfung der mittelständischen Bevölkerungskreise über eine Mitgliedschaft in den Genossenschaftsbanken ist stark. Wie wir sahen, bestanden 1976 bei den Genossenschaftsbanken gut 8 Millionen Mitgliedschaften, die bis Ende 1978 auf rund 8,5 Millionen angestiegen sein dürften. Zu 80 % kamen diese

Mitglieder aus dem wirtschaftlichen Mittelstand. Außerdem machten unsere Berechnungen deutlich, daß gut 50 % des Mittelstandes in Geld- und Kreditfragen von den Genossenschaftsbanken betreut wird. Hält man sich vor Augen, daß auch Kunden, die *nicht* Mitglieder sind, von den Genossenschaftsbanken betreut werden, erhöht sich dieser Prozentsatz sogar noch.

Aufgrund dieser engen Verflechtung sind die Genossenschaftsbanken die entscheidenden Partner der mittelständischen Wirtschaft, wenn es um geldwirtschaftliche Fragen geht. Hierin liegt die größte Bedeutung, die die Genossenschaftsbanken für Wirtschaft und Gesellschaft unseres Landes haben. Hinzu kommt noch, daß sie auch für die Waren- und Dienstleistungsgenossenschaften tätig sind und damit die geldwirtschaftliche Klammer des gesamten Genossenschaftswesens darstellen. Weiterhin kann der Verbund der Genossenschaftsbanken für sich in Anspruch nehmen, mit beachtlichen Marktanteilen zu einem der drei Pfeiler unseres Universalbankensystems geworden zu sein. Schließlich erhalten die Genossenschaftsbanken ihre Bedeutung auch noch dadurch, daß sie mit ihren Strukturprinzipien der Selbsthilfe, Selbstverantwortung und Selbstverwaltung demokratische und staatstragende Grundsätze verwirklichen.

Wie sieht nun die genossenschaftliche Bankpolitik generell und im einzelnen aus? Der wirtschaftliche Mittelstand, das hatten wir deutlich gemacht, trägt die Genossenschaftsbanken und bestimmt in ihnen. Außerdem hat jede Genossenschaftsbank den Auftrag, ihre Mitglieder wirtschaftlich zu fördern. Da nun die Mitglieder der Genossenschaftsbanken zu 80 % aus dem wirtschaftlichen Mittelstand kommen, ist die genossenschaftliche Bankpolitik durch ihre Mitgliederbezogenheit zugleich mittelstandsbezogen. Hierin liegt die erste Besonderheit genossenschaftlicher Bankpolitik.

Eine weitere Besonderheit besteht in dem Förderungsauftrag an sich. Die Genossenschaftsbanken haben den Auftrag und das Ziel, ihre Mitglieder wirtschaftlich zu fördern. Das tun sie auf verschiedene Weise. Förderung durch die Genossenschaftsbanken bedeutet zum Beispiel den Verzicht auf anderswo übliche Bankgebühren, Kundennähe aufgrund des dichten Bankstellennetzes, schnelle Entscheidungen bei Kreditanträgen, gezielte Ausrichtung des Bankangebotes auf die Wünsche der Mitglieder und damit des Mittelstandes allgemein, vielfältige und individuelle Beratung sowie Erweiterung des Bankangebotes über die traditionellen bankmäßigen Leistungen hinaus in ›banknahe‹ Bereiche. Allen Ausgestaltungsformen genossenschaftlicher Bankpolitik ist trotz ihrer Verschiedenheit, gerade auch von Genossenschaftsbank zu Genossenschaftsbank, gemeinsam, daß sie sich an den Interessen der Mitglieder — und damit auch des Mittelstandes — orientieren.

Diese Ausgestaltung bedeutet für die Finanzstruktur der Genossenschaftsbanken, daß die Kosten tendenziell höher, die Erlöse tendenziell niedriger sind als bei Universalbanken vergleichbarer Größe außerhalb der genossenschaftlichen

Bankengruppe. Hierin liegt die dritte Besonderheit genossenschaftlicher Bankpolitik. Für die Gewinne der Genossenschaftsbanken beinhaltet das, daß sie nicht die am Markt maximal zu erzielende, sondern die unter Berücksichtigung des Förderungsauftrages mögliche Höhe haben. Auch hierin wird noch einmal die Personenbezogenheit der genossenschaftlichen Bankpolitik deutlich. Die Geschäftspolitik der Genossenschaftsbanken orientiert sich in erster Linie nicht an der Maximierung des Kapitals, sondern an der Maximierung der Mitgliederförderung.

Basierend auf dem Förderungsauftrag, wird die genossenschaftliche Bankpolitik von den Volksbanken und Raiffeisenbanken im verbundlichen Zusammenwirken mit den regionalen Zentralbanken, der DG BANK und den speziellen Verbundinstituten sowie den regionalen Prüfungsverbänden und dem BVR gestaltet und getragen. Wie bereits erwähnt und an vielen Beispielen erkennbar gemacht, war diese Zusammenarbeit bisher von wachsendem Erfolg auf den Märkten begleitet. Doch darf nicht übersehen werden, daß die Glieder der genossenschaftlichen Kreditorganisation nur relativ locker miteinander verknüpft sind. Ihre Leistungsfähigkeit ist nur dann sichergestellt, wenn bestimmte Grundvoraussetzungen des Zusammenwirkens bei allen Beteiligten vorliegen. Diesem Problemkreis wollen wir uns in einer weiteren und letzten Veröffentlichung zuwenden.

Verzeichnis der Tabellen

Verzeichnis der Abbildungen

Verzeichnis der Übersichten

Literaturverzeichnis

Aschhoff, Gunther, Die Geschichte der genossenschaftlichen Wirtschafts- und Marktverbände in Deutschland, in: Geschichte, Struktur und Politik der genossenschaftlichen Wirtschafts- und Marktverbände, Karlsruhe 1965.

Aschhoff, Gunther, Hermann Schulze-Delitzsch — Friedrich Wilhelm Raiffeisen und die Begründung der Kreditgenossenschaften in Deutschland, in: Archiv für bankhistorische Forschung, H. 1, Frankfurt am Main 1973.

Baumann, Horst, Entwicklung und Leistungen der Kreditgenossenschaften und Zentralkassen seit der Währungsreform, in: Deutscher Genossenschaftstag 1953 Konstanz. Bericht über die Tagung der gewerblichen Genossenschaften vom 17. bis 19. September 1953 in Konstanz, hrsg. vom Deutschen Genossenschaftsverband (Schulze-Delitzsch) e. V., Wiesbaden.

Baumann, Horst, Die Volksbanken, Frankfurt am Main 1964.

Bausparkasse Schwäbisch Hall AG, Schwäbisch Hall, Geschäftsberichte 1976, 1977.

Bayerischer Raiffeisenverband e. V., München, Jahresbericht 1977.

Bayerische Volksbanken AG, München, Geschäftsbericht 1976.

Bericht der Bundesregierung über die Untersuchung der Wettbewerbsverschiebungen im Kreditgewerbe und über eine Einlagensicherung, Bundestags-Drucksache V/3500 vom 18. November 1968.

Berk, Wolfgang, Erfahrungen mit Finanzplanungssystemen, in: Bankinformation, H. 8 (1978).

Betsch, Oskar, Der Samstag-Schalter und die Gewerkschaften, in: Zeitschrift für das gesamte Kreditwesen, H. 11 (1977).

Bieling, Franz, Genossenschaftliche Banken-Mitgliedschaft als Aktivum, in: Neuzeitliche Bankpolitik, Frankfurt am Main 1974.

Bundesverband der Deutschen Volksbanken und Raiffeisenbanken e. V., Bonn, Geschäftsbericht 1975/76, Bericht '77.

Bundesverband der Deutschen Volksbanken und Raiffeisenbanken e. V., Bonn, Satzung vom 10. November 1977.

Cannstatter Volksbank eG, Geschäftsberichte 1975, 1976, 1977.

Deutsche Apotheker- und Ärztebank eG, Düsseldorf, Geschäftsbericht 1976.

Deutsche Genossenschaftskasse, Frankfurt am Main, Die Genossenschaften in der Bundesrepublik Deutschland 1971, 1972/73, 1974/75.

Deutscher Genossenschaftsverband (Schulze-Delitzsch) e. V., Bonn, Jahrbuch des Deutschen Genossenschaftsverbandes für 1958, 1967.

DG BANK Deutsche Genossenschaftsbank, Frankfurt am Main, Die Genossenschaften in der Bundesrepublik Deutschland 1976/77.

DG BANK Deutsche Genossenschaftsbank, Frankfurt am Main, Die Genossenschaften in der Bundesrepublik Deutschland 1977, Statistischer Teil.

Dingeldein, Klaus R., Die Unternehmer-Seminare der Volksbank Ebersbach, in: bank und markt, H. 2 (1977).

Draheim, Georg, Die Genossenschaft als Unternehmungstyp, 2. durchges. Aufl., Göttingen 1955.

Draheim, Georg, Ansprache, in: 12. Kreditwirtschaftliche Fachtagung für Leiter von Kreditgenossenschaften (Mayschosser Gespräche 1965 in Bad Ems).

Draheim, Georg, Zur Ökonomisierung der Genossenschaften, Göttingen 1967.

Draheim, Georg, Vortrag am 22. Oktober 1970 anläßlich der Übergabe von Schloß Montabaur als Akademie der Volksbanken und Raiffeisenbanken, in: Genossenschaft und Bildung, Deutsche Genossenschaftskasse, Frankfurt am Main 1970.

Draheim, Georg, Der bankwirtschaftliche Verbund im Bereich der Kreditgenossenschaften, in: Freiheit und Ordnung. Festschrift zum 70. Geburtstag von Theodor Sonnemann, Bonn 1970.

Draheim, Georg, Aktuelle Grundsatzprobleme des Genossenschaftswesens. Festvortrag zum 25jährigen Bestehen des Instituts für Genossenschaftswesen an der Philipps-Universität Marburg (Lahn), Marburg 1972.

Eisfeld, Curt, Bankpolitik, in: Handwörterbuch der Betriebswirtschaft, Stuttgart 1956.

Eucken, Walter, Grundsätze der Wirtschaftspolitik, 3., unveränd. Aufl., Tübingen-Zürich 1960.

Faust, Helmut, Die Zentralbank der deutschen Genossenschaften, Frankfurt am Main 1967.

Faust, Helmut, Geschichte der Genossenschaftsbewegung, 3. Aufl., Frankfurt am Main 1977.

Frankfurter Volksbank eG, Geschäftsbericht 1976.

Friderichs, Hans, Bundesminister für Wirtschaft, Rede vor dem Deutschen Bundestag zur Einbringung des Jahreswirtschaftsberichts 1977 der Bundesregierung, in: Bulletin des Presse- und Informationsamts der Bundesregierung, Nr. 31 (1977).

Genossenschaftliche Zentralbank AG Stuttgart, Geschäftsberichte 1976, 1977.

Gesetz über die Deutsche Bundesbank vom 26. Juli 1957.

von Gierke, Otto, Das deutsche Genossenschaftsrecht, 1. Bd., Neudruck Graz 1954.

Guthardt, Helmut, Allgemeine Probleme verbundlicher Zusammenarbeit in der kreditgenossenschaftlichen Organisation, in: 19. Bankwirtschaftliche Tagung für Leiter von Kreditgenossenschaften Bad Ems 1972.

Hagenmüller, Karl Friedrich, Der Bankbetrieb, Bd. I, 4. Aufl., Wiesbaden 1976.

Hagenmüller, Karl Friedrich, Der Bankbetrieb, Bd. III, 4. Aufl., Wiesbaden 1977.

Hahn, Oswald, Einige Mutmaßungen über die Zukunft der Genossenschaftsbanken, in: Raiffeisen-Rundschau, H. 1 (1973).

Henke, Klaus, Finanzplanung für Bankkunden, in: Bankinformation, H. 7 (1975).

Henzler, Reinhold, Der Genossenschaftsverbund und die Verbundführung, in: Zeitschrift für das gesamte Genossenschaftswesen, Bd. 14 (1964).

Henzler, Reinhold, Der genossenschaftliche Grundauftrag — Gedanklicher Kern genossenschaftlicher Arbeit, in: Ders., Der genossenschaftliche Grundauftrag: Förderung der Mitglieder, Frankfurt am Main 1970.

van Heukelum, Horst, Genossenschaften und Konzentration im Handel, in: Zeitschrift für das gesamte Genossenschaftswesen, Bd. 28 (1978).

Heumann, Dieter W., Genossenschaftsbanken im Spannungsfeld des Wettbewerbs, in: Monatsblätter für freiheitliche Wirtschaftspolitik, H. 5/6 (1975).

Heuss, Theodor, Schulze-Delitzsch, Leistung und Vermächtnis, Tübingen 1956.

Holzer, Siegfried, Verstärkter genossenschaftlicher Verbund in Geld und Kredit, in: Genossenschaften und Genossenschaftsforschung. Festschrift zum 65. Geburtstag von Georg Draheim, 2., unveränd. Aufl., Göttingen 1971.

Juncker, Klaus, Die Bank als Berater mittelständischer Betriebe, in: bank und markt, H. 2 (1977).

Juncker, Klaus, Zielgruppe: Mittelstand. Durch Firmenberatung krisensicherer, in: Bankinformation, H. 12 (1977).

Klein, Friedrich, Genossenschaftswesen und staatliches Verfassungsrecht, Karlsruhe 1958.

Kleinhans, Joachim, Der moderne bankwirtschaftliche Inhalt des genossenschaftlichen Förderungsauftrages, in: Zeitschrift für das gesamte Genossenschaftswesen, Bd. 23 (1973).

Kleinhans, Joachim, Verbund hilft dürregeschädigten Landwirten, in: Bankinformation, H. 8 (1976).

Kölner Bank von 1867 eG Volksbank, Geschäftsbericht 1976.

Landesgenossenschaftsbank AG Hannover-Kiel-Oldenburg, Geschäftsberichte 1975, 1976.

Linhardt, Hanns, Bankbetriebslehre, Bd. I, Köln-Opladen 1957.

Mändle, Eduard, Zur gesellschaftspolitischen Bedeutung des Genossenschaftswesens, in: Genossenschafts-Forum, H. 10 (1977).

Merk, Gerhard, Die Begriffe Prozeßpolitik, Strukturpolitik, Ordnungspolitik, in: Jahrbuch für Sozialwissenschaft, Bd. 26 (1975).

Monatsberichte der Deutschen Bundesbank, Ertragsentwicklung im Bankgewerbe, November 1976.

Monatsberichte der Deutschen Bundesbank, Die Marktstellung der Bankengruppen seit 1971, August 1978.

Mülhaupt, Ludwig — Peter Dolff, Die Zielplanung in Genossenschaftsbanken, in: Kredit und Kapital, 8. Jg., 1975.

Müller, Friedrich, Die geschichtliche Entwicklung des landwirtschaftlichen Genossenschaftswesens in Deutschland von 1848/49 bis zur Gegenwart, Leipzig 1901.

Müller, Gerhard — Josef Löffelholz, Bank-Lexikon, 7. Aufl., Wiesbaden 1976.

Müller, Günther, Das Problem einer Neustrukturierung des kreditgenossenschaftlichen Verbundes, Mannheim, Diss. (1977).

Müller-Armack, Alfred, Entwicklungsgesetze des Kapitalismus, Berlin 1931.

Obst, Georg, Das Bankgeschäft, II. Bd., 6. Aufl., Stuttgart 1923.

Paulick, Heinz, Das Recht der eingetragenen Genossenschaft, Karlsruhe 1956.

Penning, Hans-Karl, Die Zusammenarbeit der ländlichen und gewerblichen Kreditgenossenschaften mit gemeinsam getragenen Spitzeninstituten, Erlangen 1969.

Petzold, Eduard — Klaus Preiß, Die Zentralkassen — heute und morgen, in: 75 Jahre Zentralkasse nordwestdeutscher Volksbanken eGmbH, Hannover-Hamburg 1968.

Pfüller, Reiner, Der Genossenschaftsverbund, Göttingen 1964.

Pleyer, Klemens — Ulf Brühann, Fakten und Formen gesellschaftsrechtlicher Kooperation der Kreditgenossenschaften, in: Festschrift für Ludwig Schnorr von Carolsfeld zum 70. Geburtstag, Köln-Berlin-Bonn-München 1972.

Pleyer, Klemens — Wolfgang Arndt, Überlegungen zum Nichtmitgliedergeschäft und zur Gewinnerzielung bei den Kreditgenossenschaften, in: Festschrift für Harry Westermann zum 65. Geburtstag, Karlsruhe 1974.

Raiffeisen, Friedrich Wilhelm, Die Darlehnskassen-Vereine als Mittel zur Abhilfe der Noth der ländlichen Bevölkerung, sowie auch der städtischen Handwerker und Arbeiter. Praktische Anleitung zur Bildung solcher Vereine, gestützt auf sechszehnjährige Erfahrung, als Gründer derselben, Neuwied 1866.

Raiffeisenverband Schleswig-Holstein und Hamburg e. V., Kiel, Tätigkeitsbericht, in: Genossenschaftliche Mitteilungen, H. 10 (1976).

Raiffeisen-Zentralbank Kurhessen AG, Kassel, Geschäftsbericht 1977.

Recktenwald, Horst Claus, Verbundwirtschaft, in: Wörterbuch der Wirtschaft, 7. Aufl., Stuttgart 1975.

Remmers, Johann, Der Zusammenschluß der westdeutschen Kreditgenossenschaften und ihrer Zentralbanken zum Betriebsverbund, Hamburg 1969.

Röhm, Helmut — Gerd Schirra, Struktur und Organisationsprobleme des genossenschaftlichen Bankenverbundes, Stuttgart 1976.

Ruhmer, Otto, Entstehungsgeschichte des deutschen Genossenschaftswesens, Hamburg 1937.

Schnack, Hans-W., Probleme des Förderungsauftrags genossenschaftlicher Kreditinstitute, in: Bayerisches Raiffeisenblatt, Nr. 10 (1977).

Schnack, Hans-W. — Rainer Buchholz, Bankenaufsicht und genossenschaftliches Verbund-system, in: Bankinformation, H. 9 (1978).

Schneider-Gädicke, Karl-Herbert, Aufgaben einer genossenschaftlichen Zentralbank, in: DGK MITTEILUNGEN, H. 3 (1974).

Schramm, Bernhard, Ertrag und Ertragsstreben im kreditgenossenschaftlichen Verbund, in: Der Volksbank-Betrieb, H. 3/4 (1971).

Schultze-Kimmle, Horst-Dieter, Sicherungseinrichtungen gegen Einlegerverluste bei deutschen Kreditgenossenschaften, Würzburg 1974.

Schulze-Delitzsch, Hermann, Vorschuß- und Kreditvereine als Volksbanken, Leipzig 1859.

Schulze-Delitzsch, Hermann, Freiheit, Selbstregierung und Verantwortung, in: 100 Jahre Ge-nossenschaftsbewegung, 100 Jahre Volksbanken. 1850—1950. Österreichischer Genossen-schaftsverband und Österreichische Zentralgenossenschaftskasse rGmbH (Hrsg.), Wien 1950.

Sombart, Werner, Der moderne Kapitalismus, 3. Bd., 1. Halbbd., Berlin 1955.

Sonnemann, Theodor, Gestalten und Gedanken, Stuttgart-Hannover 1975.

Sonnemann, Theodor, Ansprache auf der außerordentlichen Hauptversammlung der DG BANK, in: DG BANK MITTEILUNGEN, H. 2 (1976).

Süchting, Joachim, Zuwachsraten im verteilten Markt, Westdeutsche Genossenschafts-Zentral-bank eG, Düsseldorf (Hrsg.), Düsseldorf 1978.

Südwestdeutsche Genossenschafts-Zentralbank AG, Karlsruhe-Frankfurt, Geschäftsbericht 1976.

Verband der Eisenbahn-Spar- und Darlehnskassen e. V., sparda-Report, Frankfurt am Main 1978.

Verein für Socialpolitik, Bd. 35, Der Wucher auf dem Lande, Leipzig 1887.

Viehoff, Felix, Ansprache auf der Hauptversammlung der DGK, in: DGK MITTEILUNGEN, H. 3 (1975).

Viehoff, Felix, Bankpolitik für den Mittelstand, in: Bankinformation, H. 1 (1977).

Viehoff, Felix, Zur mittelstandsbezogenen Bankpolitik des Verbundes der Genossenschafts-banken. Teil I: Zum Begriff und zur wirtschaftlichen Bedeutung des Mittelstandes (unter Mitarbeit von Eckart Henningsen), Frankfurt am Main 1978.

Volksbank Reutlingen eG, Geschäftsbericht 1976.

Volksbank Sindelfingen eG, Geschäftsbericht 1975.

Weippert, Georg, Jenseits von Individualismus und Kollektivismus, Düsseldorf 1964.

Weiser, Klaus, Gedanken zum genossenschaftlichen Förderungsauftrag, in: Bankinformation, H. 7 (1978).

Westdeutsche Genossenschafts-Zentralbank eG, Düsseldorf, Geschäftsberichte 1976, 1977.

Westermann, Harry, Rechtsprobleme der Genossenschaften, Karlsruhe 1969.

Westfälischer Genossenschaftsverband e. V., Münster/W., Geschäftsberichte 1976, 1977.

Württembergischer Genossenschaftsverband — Raiffeisen/Schulze-Delitzsch — e. V., Stuttgart, Das veränderte Selbstverständnis des Kreditgewerbes, Stuttgart 1978.

Zentralbank Saarländischer Genossenschaften AG, Saarbrücken, Geschäftsbericht 1977.

Zentralkasse nordwestdeutscher Volksbanken AG, Hannover-Hamburg, Geschäftsbericht 1976.

Personenverzeichnis

Sachverzeichnis

Bisher erschienen in der Schriftenreihe

Veröffentlichungen der
DG BANK Deutsche Genossenschaftsbank

Band 1 Helmut Faust
Die Zentralbank der deutschen Genossenschaften.
Vorgeschichte, Aufbau, Aufgaben und Entwicklung der Deutschen
Genossenschaftskasse.
1967, 164 Seiten, Leinen DM 25,–

Band 2 Konrad Engelmann
Soziologische und psychologische Aspekte des genossenschaftlichen Aufbaues in
Entwicklungsländern.
Eindrücke und Erfahrungen aus der Genossenschaftsarbeit des Nahen Ostens,
Asiens und Afrikas, ergänzt durch Berichte aus anderen Ländern.
1966 (vergriffen)

Band 3 Nationale Coöperatieve Raad
Das Genossenschaftswesen in den Niederlanden.
1966, 160 Seiten, Leinen DM 29,80

Band 4 Erwin Hasselmann
Die Rochdaler Grundsätze im Wandel der Zeit.
1968, 166 Seiten, Leinen DM 26,–
(Schwedische Übersetzung unter dem Titel Rochdale – grundsatserna, De koope-
rativa idéernas historia, Stockholm 1971)

Band 5 William Pascoe Watkins
Die internationale Genossenschaftsbewegung.
Ihr Wachstum, ihre Struktur und ihre zukünftigen Möglichkeiten.
1969, 214 Seiten, Leinen DM 32,–
(Schwedische Übersetzung unter dem Titel Internationell kooperation,
Stockholm 1971)
(Englische Übersetzung unter dem Titel The International Co-operative Move-
ment, its Growth, Structure and Future Possibilities, Manchester 1976)
(Spanische Übersetzung unter dem Titel El Movimiento Cooperativo Inter-
nacional, Buenos Aires 1977)
(Japanische Übersetzung in Vorbereitung)

FRITZ KNAPP VERLAG · FRANKFURT AM MAIN